Prof. Lamberto Vizcarra Peraza

RELATOS
DE UN
MAESTRO

HISTORIAS, ANÉCDOTAS, SUCESOS Y VIVENCIAS

Nombre del libro: Relatos de un maestro
Autor: Lamberto Vizcarra Peraza
Diseño de portada: Rodrigo Pedroza/Comunicación Global Design
Edición: Issa Alvarado/Diana A. Pérez/Comunicación Global Design
Coedición gráfica: Aziyadé Uriarte/Comunicación Global Design

© Del texto, 2023, (Lamberto Vizcarra Peraza)

Primera edición: (marzo 2023)

Reg: 03-2023-051815172800-01
ISBN: 9798393326753

www.comunicaciongd.com

www.autopublicatulibro.com

DEDICATORIA

Dedico este libro a mis seres queridos, que los amo y admiro subli-memente: a mi esposa Norma Alicia, a mis hijos Zayd, Jasiel y Merit; mis nietos Jadia, Ezer, Zulia, Kiara, Santiago y Xander, por la fortuna y bendición de tenerlos siempre a mi lado; siendo todos fuente de mi inspiración y motivación para alcanzar la realización de un sueño eternamente anhelado, convertido hoy en un hermoso despertar.

A José Luis, Claudia y Kitzia, por ser parte de la familia que Dios ha puesto en nuestro camino.

A MI FAMILIA, por la bendición de permanecer siempre unida y for-talecida, con el apoyo incondicional y mutuo de toda una vida.

A MIS AMISTADES, porque forman parte medular de este proyecto hecho realidad, a través de anécdotas y vivencias compartidas con verdaderos y entrañables compañeros.

A la maestra Chelita Sandoval, por guiarnos con sapiencia y sabiduría en la realización de nuestro libro.

A MIS PADRES, como un homenaje póstumo a su memoria.

REFLEXIÓN

¿Por qué el temor a envejecer, si el tiempo y los años son la mejor escuela de la vida?

Entre la niñez y la vejez, hay un instante llamado vida.

Las arrugas nos recuerdan dónde han estado las sonrisas.

Cuando las arrugas comienzan a aparecer, nos damos cuenta de lo efímera y fugaz que es la vida.

¿Por qué pensamos en la vejez como un castigo, de manera humillante y peyorativa,

cuando en realidad, envejecer es simplemente haber superado las distintas etapas de la vida?

La vida es un frasco de suspiros, de tropiezos, de aprendizajes, de placeres, de sufrimientos;
cada día significa nuevas opciones de maravillosos pensamientos; de cientos de matices de nuestros sentimientos.

Acumular juventud es un acto que consiste en hacer que importe la vida de los años,

más que los años de la vida.

Envejecer es un regalo de Dios.

Autor anónimo

CONTENIDO

Capítulo 3

Capítulo 4

Capítulo 5

Capítulo 6

CAPÍTULO 1

LA ESCUELA Y LOS ALUMNOS

CHUYITO

*Los mejores premios y reconocimientos
de un maestro se guardan en el corazón.*

Lamberto Vizcarra

Laborando en la Escuela Primaria Teniente José Azueta, en el Valle de Mexicali, el director me asignó un grupo de primer año. En mis escasos cinco años de servicio docente, había tenido la responsabilidad de grupos superiores, resultaba una nueva experiencia en mi trabajo de maestro.

Educar en un primer grado es saber conjugar los sentimientos de amor, cariño, ternura, pero, sobre todo, paciencia; en el aula surgen sucesos memorables, divertidos, graciosos, tiernos; la contraparte: desesperación, intranquilidad, coraje y, en muchas ocasiones, impotencia. Los primeros días de clase en un grupo de primero se padece nerviosismo, desasosiego; una gran preocupación, solo con la vocación y pasión de maestro se logra conjuntar esos sentimientos

La mayoría de los niños llegan con enorme afección maternal, resulta una odisea mantenerlos en el salón de clases, ya que añoran la caricia y el abrazo de mamá. La conducta y atención de los niños comienza a normalizarse al paso de dos o tres semanas de clase; se observan más tranquilos, serenos, dispuestos a trabajar. En el grupo hubo una excepción en su comportamiento: CHUYITO.

Era un niño que, desde inicio del ciclo escolar, le observé características especiales, no de discapacidad, lo consideraba como un niño muy consentido, mimado; *chiquión*, como decimos en el rancho.

Tenía una hermanita que cursaba el quinto grado. Nomás entraba al salón de clases, lloraba; lo hacía diariamente, se requería la presencia de su hermanita junto a él para tranquilizarlo. Prácticamente, todo septiembre se repitió la misma historia.

Por octubre, consintiéndolo con gran paciencia, logré incorporarlo al trabajo del grupo, sin la necesidad de la presencia de su hermanita.

Sobre mi escritorio existía el material didáctico necesario: lápices, colores, tijeras, goma, etc.

Un día, la clase transcurría con normalidad, repentinamente, el niño rompió en llanto, me acerqué a él, le pregunté:

—¿Qué pasa, Chuyito, por qué lloras?
—Me *luele al astómago*.

Con ternura y delicadeza, sobé su pancita y cesó su llanto.

Minutos después, irrumpió nuevamente en llanto.

—¿Chuyito, te duele otra vez tu pancita?

—No, se me perdió mi lápiz.
—No llores, Chuyito, te voy a regalar uno.

Pasado un buen tiempo, se escucharon de nuevo los sollozos del niño.

—¿Ahora por qué lloras?

–Es que se me quebró el lápiz.

–Mira, Chuyito –le hablé con tono un tanto fuerte–, fíjate bien, nomás me queda este lápiz, está chiquito, cuídalo, ya no tengo más.

A punto de salir al recreo, lo insólito e inaudito, aunque no se crea, que se piense que es mentira, el niño volvió a lloriquear:

–Chuyito, dime qué te pasa, ¿por qué lloras ahora?
–Profe, es que se me perdió su chiquito.

Desde entonces, Chuyito me ha hecho sentirme diferente a los demás, sin mi chiquito.

CHUYITO, del álbum de mis recuerdos.

ELIO

Esta vivencia me remonta a aquellos años en los que la necesidad me ofreció el valor y la osadía de laborar, durante varios ciclos escolares, los tres turnos en la docencia: matutino, vespertino y nocturno. Las escuelas eran primaria, secundaria y secundaria nocturna.

Considero que pocos colegas vivieron mi experiencia; era trabajar desde el amanecer hasta altas horas de la noche, todo el día fuera de casa.

A partir de las 7:30 de la tarde iniciaba el turno nocturno, el plantel contaba con una tiendita escolar, administrada por Liborio, un intendente. A veces disfrutaba de una torta y un refresco en el lugar, que resultaba, en muchas ocasiones, mi alimento del día.

La tarde del suceso, precisamente, tomaba un refresco, conversando con Liborio, mejor conocido por los maestros y alumnos como «el Vaquero», por su peculiar forma de vestir.

Nuestra plática fue interrumpida por Elio, un alumno que llegó con gran algarabía, muy emocionado, eufórico, dirigiéndose a mi amigo: «Vaquero, Vaquero, el profesor Magaña es el mejor maestro de escuela y del mundo». Él era un joven de 15 o 16 años de edad, alumno de segundo grado de la secundaria (escuela para adultos): era un joven con capacidad diferente, con problemas de aprendizaje.

«Vaquero, préstame una hoja y un lápiz, quiero mostrarte lo que me enseñó el profesor», tomó la hoja y el lápiz, trazó una recta numérica, le explicó el ejercicio a Liborio, mientras yo observaba.

«Mira, aquí está la ranita, salta hasta el 3, de allí hasta al 7 y da otro salto hasta el 10... entonces, 3 + 4 + 3 es igual a 10, ¿viste qué fácil es sumar?». Le mostró otros dos ejercicios similares, Liborio le comentó: «Elio, eres muy inteligente, tienes razón, tu profesor es el mejor del mundo». Él estaba muy emocionado, contento de lo aprendido.

Intervine diciéndole: «Elio, quiero que me resuelvas dos ejercicios», el primero lo resolvió fácilmente en la recta numérica, los saltos de la ranita fueron de 4 + 4 + 4 = 12. Lo felicité, él, feliz de la vida, contento, sonriendo.

El segundo ejercicio era similar, pero le expliqué: «La ranita va a dar los mismos saltos, pero cuando llegue al número 12, la ranita se va a regresar y va a saltar hasta el número 8, allí se va a quedar», gráfica y detalladamente se lo mostré. «¿Elio, ¿cuál es el resultado?», le pregunté.

Se quedó serio, desconcertado, se rascaba y movía la cabeza; su respuesta fue: «El profesor no nos enseñó que la ranita se podía regresar». En esos momentos sonó el timbre para entrar a clases, me dirigí a mi salón, observé que Elio se quedó muy pensativo.

Salimos al recreo, de manera acostumbrada, el personal docente nos reunimos en el salón de la prefectura, entró el profesor Magaña, alzando la voz, se dirigió a mi persona: «Lamberto, necesito hablar seriamente contigo, estoy muy molesto, mi trabajo y esfuerzo de toda una clase, en un momento lo echaste a la basura: dejaste al pobre Elio muy desconcertado, desorientado, tendré que empezar todo de nuevo»... Le contesté: «No te preocupes, para Elio serás siempre el mejor maestro del mundo».

ECLIPSE SOLAR

«ECLIPSE SOLAR MAÑANA», titulaba a ocho columnas el periódico de mayor circulación en la entidad, en la década de los años 80. Tenemos conocimiento de que es un fenómeno astronómico que ocurre cuando la luna oculta al sol, observado desde el planeta Tierra; se suscita cuando los tres astros se encuentran alineados.

Existen teorías, mitos y creencias de que el eclipse solar puede provocar ciertas secuelas en los seres humanos y animales, si no se toman las medidas necesarias para poder observar directamente el fenómeno.

En los humanos se considera que puede producir ceguera temporal o permanente, perturbación psicológica, hasta malformaciones en el producto de mujeres embarazadas; generalmente, se asocia con la aparición de «labio leporino» en niños recién nacidos; en los animales, altera su comportamiento.

En esa ocasión, el director de la escuela, que diario llegaba con el periódico, nos comentó sobre el contenido de la noticia principal; entre broma y mofa, le advirtió a una compañera, que se encontraba en avanzado estado de embarazo, que tomara sus debidas precauciones con el eclipse, sugiriéndole que al siguiente día usara pantaletas color rojo, se colgara en su ropa alfileres o llaves de metal, como prevención para que su bebé no tuviera afectación al nacer.

La intendente de la escuela, persona mayor, era muy estimada y apreciada por la comunidad escolar; al personal docente todas las mañanas nos recibía con el cafecito, el cual compartía con nosotros; se enteró de la nota periodística. Ella hacía tiempo había plantado unos arbolitos frutales que se encontraban en pleno crecimiento y los cuidaba con gran esmero.

Al siguiente día de la noticia, era viernes, amaneció nublado, lloviznando, como presagiando tempestad; comentamos que eran efectos del fenómeno anunciado. Minutos antes del horario de entrada a clases, ocho de la mañana, se precipitó una fuerte lluvia; todos nos concentramos con escasos alumnos a nuestros salones; padres de familia llegaban a recoger a sus niños, el director nos indicó que les permitiéramos la salida.

Siendo aproximadamente las nueve de la mañana, el ciudadano director supervisó los grupos, observando escaso alumnado, determinó suspender las labores, indicando al personal docente que deberíamos cumplir con nuestra presencia hasta la hora del recreo.

La tormenta se había convertido en ligera llovizna, los maestros nos reunimos en la dirección de la escuela para disfrutar del café y la amena charla; la intendente continuaba en sus labores.

Burlona y sarcásticamente, el director nos comentó: «¿Ya observaron que la doña (refiriéndose a la intendente) tiene sus plantitas como arbolitos de Navidad?, completamente adornados con moños rojos, hasta llaves colgadas les tiene; pobrecita, gente creyente de los mitos».

Uno de los compañeros, de mucho ambiente, inquieto y pachanguero, propuso organizar una carnita asada, aprovechando la suspensión de clases y el fin de semana; hubo acuerdo general a su propuesta, con la sugerencia del director de realizarla fuera del plantel, proponiendo a la vez un ranchito, propiedad de un padre de familia. Inmediatamente nos organizamos, juntos nos trasladamos al lugar.

Al llegar al ranchito, nos encontramos con una inesperada sorpresa, algo verdaderamente insólito; en el corral se observaban y distinguían dos vaquillas y algunas chivitas, eminentemente preñadas, que adornaban sus pescuezos y ornamentas con vistosos y brillantes listones rojos; intrigado, pregunté al dueño de la casa si creía en las consecuencias o efectos del eclipse sobre los animales, a lo que me respondió: «Si observa, no todos los animalitos traen amarrados los moños rojos, solamente las vaquillas y chivitas; esos son del director, yo se los cuido, él llegó tempranito a ponérselos».

El acontecimiento fue tema central del convivio, las bromas no se hicieron esperar, todos le expresamos al director: «Pobre, eres persona creyente de los mitos».

RAMIRITO

Un encantador recuerdo de una de las tantas vivencias que me sucedieron durante el ciclo escolar que tuve a mi cargo a mis pequeñines de un grupo de primer año. En estos días en que la pandemia del COVID-19 nos ha hecho prisioneros en nuestros propios hogares, aislándonos del mundo exterior, afloran en mi mente los bellos momentos llenos de cariño, ternura y diversión que compartí con mis pequeños alumnos.

Ramiro, cariñosamente siempre lo nombré con su diminutivo: Ramirito. Conservo en mi mente un gracioso e inolvidable momento vivido con él, que de corazón deseo compartir.

Era un niño inteligente, extrovertido, cumplidor; tenía un defecto: «mamitis», demasiado consentido, mimado y protegido, lo cual provocaba que continuamente presentara un espectáculo de berrinches y rabietas.

A principios del ciclo escolar, su mamá diariamente lo acompañaba al salón, literalmente, a hurtadillas, la señora se escabullía. Si el niño no se enteraba de su huida, no existía ningún problema, todo era tranquilidad; de lo contrario, salía disparado del aula, la alcanzaba, se le colgaba de los brazos, falda, piernas... hacía tremendo berrinche.

Buscamos una solución al problema: acordamos que su mamá lo acompañara dentro del aula hasta que mostrara tranquilidad, aunque hiciera la misma dinámica, desaparecer en la primera oportunidad. La estrategia dio resultado.

Transcurridas las primeras semanas del ciclo escolar, la conducta y comportamiento del niño cambió. Inclusive su mamá se despedía de él de abrazo y beso en la puerta del salón, todo sucedía con tranquilidad y normalidad. Pasaron meses, repentinamente, un día la historia se repitió, de manera diferente.

Su mamá se despidió, como ya se había hecho costumbre; sin embargo, él no entró al salón, se quedó mirándola, me le acerqué, le toqué su hombro, lo invité a pasar; su reacción, como decía mi madre, «pareciera que le puse un cohete en la cola», salió hecho una flecha, corrió hacia su mamá que ya caminaba fuera del cerco, se le colgó totalmente emberrinchado, pataleaba, gritaba, chillaba.

Estaba parado en la puerta del salón, observando la escena; la señora, como pudo, llegó con él hasta donde me encontraba, le suplicó: «Ramirito, pasa al salón, quédate con tus compañeritos y el profesor Vizcarra». Tuvo una reacción y respuesta inmediata:

«¡YA TE DIJE QUE NO QUIERO ESTAR CON EL PINCHE VIZCARRA, NO QUIERO AL PINCHE VIZCARRA!».

Habían transcurrido, considero, cerca de dos décadas del suceso, junto con otros colegas disfrutábamos de una tarde en un parque de la Ciudad de México, pasaron por enfrente de nosotros unos jóvenes, presentí que uno en particular me observaba, se detuvieron y se regresaron, ese muchacho se dirigió a mí y me preguntó:

–Disculpe, ¿es usted profesor?

–Así es, soy profesor, también mis compañeros.

–¿Cuál es su nombre, maestro?

–Lamberto Vizcarra. –Le contesté.

–Qué gusto de saludarlo, usted no se acuerda de mí, pero fue mi maestro, me dio clases en primer año de primaria.

–¿Estás seguro de que fui tu profesor?

–Claro que sí.

–¿Cómo te llamas?

–Ramiro.

Lo miré fijamente, le comenté:

–Cómo no te voy a conocer, si tú eres EL PINCHE RAMIRITO.

Le inquietó mi respuesta, le platiqué la historia, no la recordaba en lo absoluto, le comenté que había sido producto de la inocencia de un niño.

–Profesor, gracias por contarme la anécdota, la recordaré siempre, también a usted.

Nos despedimos con un apretón de mano y un fuerte abrazo.

PAYASO

A principios de enero del año de 1977, me presenté a las oficinas de la inspección escolar a recoger mi oficio de cambio de adscripción; con el documento en mis manos, al leerlo, experimenté una sensación de sentimientos encontrados, a la letra expresaba: «Presentarse a laborar en la Escuela Primaria Tte. José Azueta, ubicada en el ejido Jalapa, del Valle de Mexicali».

Feliz porque avanzaba un paso más en mi breve peregrinar de mi servicio docente: Valle de Ensenada, Puerto de San Felipe, Col. Hindú y Ejido Tlaxcala quedarían para la historia.

Emocionado y conmovido, regresaba a mi escuelita añorada, en mi papel de maestro, considerando que once años anteriores había egresado como alumno de sexto grado de esa institución; impresionado porque en ese lugar transcurrió mi época de inocencia, ingenuidad y candidez de mi niñez.

Al presentarme a mi nuevo centro de trabajo, el director y personal docente del plantel, en su mayoría, resultaron ser estimados y apreciables amigos, a excepción de dos compañeros que no conocía. Posterior al protocolo de bienvenida, el ciudadano director me comunicó que me asignaría la responsabilidad del grupo de cuarto grado; esa misma mañana inicié con ellos

Momento indescriptible, nostálgico en mi memoria; el mismo salón, escritorio, mesabancos, pizarrón donde había cursado mi cuarto año de primaria, encontrando solo una diferencia: el maestro, era yo.

Quienes hemos ejercido la noble y loable tarea de la docencia, sabemos por experiencia que cuando se nos asigna un nuevo grupo escolar, habrá de transcurrir un periodo de tiempo para familiarizarnos e identificar a nuestros alumnos por su nombre, apellido o algún seudónimo; resulta curioso, los más traviesos, desordenados o inquietos son los primeros que reconocemos, inclusive sobresalen de los aplicados y responsables.

Veintiocho alumnos entre niños y niñas conformaban el grupo, pasando algunos días de clase, ya los identificaba a todos.

Un alumno, primero en mi lista de asistencia, acaparó mi atención, era un niño introvertido, serio, tímido, no socializaba con sus compañeros; en ocasiones, no disfrutaba su tiempo de recreo, permanecía en el salón.

Observaba con extrañeza que, a pesar de su actitud, de su manera de actuar, sus compañeros del grupo y de la propia escuela lo llamaban «PAYASO».

Me intrigaba bastante su seudónimo, relacionado con su comportamiento, resultaba incongruente, me cuestionaba: «¿Por qué 'Payaso'?».

Cierta ocasión, en la hora de recreo, me senté en el umbral de la puerta del salón, el niño estaba frente a mí, sentado sobre el piso del pasillo, sus compañeros organizaban un juego de futbol; uno de ellos colocaba un par de bloques, enmarcando lo que sería la portería:

–Payaso, payaso, nos falta uno, vente a jugar, tú serás el portero.

Eran gritos de sus compañeros que lo invitaban, le insistían para que jugara, también intervine para animarlo a participar, no aceptó.

Permanecía sentado, cabizbajo, aproveché el momento, me senté junto a él, le expresé: «Hijo, eres un niño respetuoso, serio, te gusta estar solito, no bromeas con nadie, casi no juegas con tus amigos, dime, ¿tú sabes por qué todos te dicen 'PAYASO'?»

Sin inmutarse, sin mirarme, con seriedad, con su actitud característica, me contestó: «Me dicen 'Payaso' porque mi apellido es ALEGRÍAS».

Para ingeniosos, los mexicanos. En el contexto del vocablo, consideramos que existe lógica o sentido común para el pseudónimo de payaso.

ALEGRÍAS, diario, mi primera expresión en el pase de lista, jamás hubiera intuido, si no es por su confesión, su sobrenombre con su apelativo.

PAYASO de las historias de un maestro.

YO, MAESTRO DE INGLÉS

De mis vivencias más increíbles e inolvidables como docente, está el haberme atrevido a impartir la materia de Inglés. Acepto, y consciente soy, que «el coco» de toda mi vida es aprender ese idioma.

El día 6 de octubre de 1988, me entregaron mi oficio de cambio de adscripción, de la Secundaria General Estatal No. 76 a la Secundaria No. 27, turno vespertino, de la ciudad de Mexicali, B. C.

Emocionado, con gran júbilo, lo recibí. Con mi oficio en mano, me presenté con el director de mi nuevo centro de trabajo. Al observar mi documento, me expresó: «Profesor, según su oficio, su especialidad es Español, con adjudicación de 12 horas». «Así es, maestro», respondí.

«El ciclo escolar está avanzado, tendremos problema para ubicarlo, todos los grupos tienen ya maestros asignados en su materia: deme oportunidad de revisar su asunto, mañana buscaré tenerle alguna opción o alternativa», me comentó el director.

Al día siguiente, me presenté, aún emocionado, y, como había anunciado, me presentó la alternativa siguiente:

«Profesor, revisé minuciosamente su caso, la única solución que se le puede ofrecer, para ubicarle sus 12 horas, es la siguiente: cubrir las materias de Geografía, Historia, Civismo, Educación Física, Dibujo Técnico y un grupo de Inglés; dos horas por materia, usted toma la decisión».

Mi respuesta inmediata: «Correcto, maestro, quedo a su disposición».

«GRUPO DE INGLÉS», palabras que paralizaron mi mente. Comenzó mi odisea.

Sin conocer ni haber tratado a la maestra titular de la materia de Inglés en la escuela, me acerqué a ella, le expliqué mi situación y preocupación personal sobre la responsabilidad de la materia. Su respuesta me ofreció confianza y un poco de tranquilidad: «Maestro, usted no se preocupe, va a salir adelante, lo apoyaré y guiaré en todo lo que sea necesario. Es un grupo de primer año, iniciará con lo más elemental, no importa que esté fuera del programa».

Me orientó, indicándome lo siguiente: «Dedicará el tiempo necesario para enseñar y aprender el vocabulario y los números, con su escritura y correcta pronunciación».

Me sugirió la siguiente estrategia: «Cuando hayan aprendido el vocabulario, con cada letra, construyan un vocablo, nuevamente, vigilando su correcta pronunciación y ortografía. Cuando esté con los vocablos, para cada clase prepare 7 u 8, que lo visualicen con dibujos en el pizarrón, los alumnos en sus cuadernos; que practiquen su escritura, pronunciación y significado».

«Aplique esta estrategia, le va a facilitar el trabajo, le va a resultar entretenida, también a los alumnos», me comentó la maestra. La dinámica resultó práctica, interesante, hasta divertida, porque no les permitía un mal dibujo sobre el vocablo aprendido.

Todo marchó extraordinario los primeros días, semanas y hasta meses, pero en cierta ocasión se rompió el encanto.

Ese día inicié mi clase, hicimos lo cotidiano. El grupo de vocablos que aprenderían, que llevaba preparados, incluían la palabra «BAG». La dibujé en el pizarrón, les expliqué que significaba «bolsa de mandado», que su material podía ser plástico o papel; inclusive les especifiqué que en los mercados o tiendas las ofrecían para colocar el mandado.

Todo perfecto, pero ¡oh, Dios mío!, una alumna, creo, despistada, levantó su mano y preguntó: «Profesor, profesor, usted dice que así se escribe "bolsa de mandado", entonces, ¿cómo se escribe "bolsa de mujer"?» Me colocó en una encrucijada, me dejó sin palabras; sorprendido, tragué saliva, se me ocurrió contestar: «Mira, niña, el idioma inglés es muy complejo, debemos aprenderlo paso a paso; ahorita estamos aprendiendo vocablos sencillos, simples, después pasaremos a los compuestos, que son como los de tu pregunta; no podemos, ni debemos adelantarnos al programa».

Increíble, extraordinaria e inolvidable esta experiencia como docente.

Orgullosamente, en mi expediente de docente, está registrado que FUI MAESTRO DE INGLÉS.

COLOR ROJO

Contar la presente historia me permite presumir ser de los afortunados de haber recibido mi educación primaria, en los grados de primero, segundo, tercero y sexto, en las legendarias, épicas y hoy históricas escuelas de madera, fundadas principalmente en comunidades rurales en el Valle de Mexicali.

Con nostalgia recuerdo cuando, siendo un niño, caminaba por sus pasillos, admirando sus barandales, su entarimado como escenario de los festivales escolares; su enorme pizarrón color verde bandera, negro o azul marino; sus pupitres de madera y fierro. Eran salones amplios, los ventanales con marcos de madera, protegidos con alambre de mosquitero; en sus inicios, regularmente, funcionaron como escuelas unitarias. Todas contaban con cuarto anexo que era «la casa del maestro».

Pasados los años, mis estudios y preparación académica me llevaron a abrazar la noble profesión de la docencia. Indescriptible mi emoción y sentimiento cuando regresé a una de las escuelas de mi infancia, que en su tiempo me cobijó como su alumno, y que, por las casualidades de la vida, me recibió como maestro.

Laboré con un grupo de primer año, por necesidad de espacio, mi salón se acondicionó en lo que durante mucho tiempo funcionó como «la casa del maestro».

Era pequeño el espacio, un saloncito, sus mesabancos eran binarios de madera. Contaba con dos hileras, con cinco mesabancos cada una, un promedio de veinte alumnos.

El día de esta historia, el director de la escuela, sobre una escalera, reemplazaba el alambre de mosquitero de las ventanas del aula; todo observaba y escuchaba.

El objetivo de la clase era que los alumnos aprendieran a escribir y leer el vocablo «ROJO».

Recuerdo perfectamente el material didáctico con el que apoyaba la motivación y desarrollo de la clase: cuatro figuras dibujadas en cartulina: un balón, un carro, un globo y una manzana, todas coloreadas de rojo; cuatro tiras de cartoncillos, con el vocablo por aprender («ROJO»).

Mi indicación de inicio de clases fue: «Dibujen estas figuras, píntenlas del mismo color como las observan y escriban la palabra "ROJO" a cada dibujo».

Al término de ese ejercicio, por todo el grupo, les indiqué: «Vamos a leer lo que escribimos, primero lo haré yo, luego lo repetimos todos juntos».

Señalando el vocablo con el metro, leí en voz alta «ROJO», luego todos al unísono... «Rojo, rojo, rojo, rojo».

Repetimos el proceso, todos escuchando y leyendo... «Rojo, rojo, rojo, rojo».

Luego cambié la dinámica a la lectura del vocablo alumno por alumno.

Todo marchaba perfecto, hasta que le tocó a Chuyito, un alumno un poco distraído, que hablaba un tanto *chiquión*, le señalé las figuras y vocablos por leer, comenzó: «Cololalo, cololalo, cololalo».

Le corregí: «No, Chuyito, no es colorado, dice "rojo", rojo, rojo, rojo».

Regresé a la dinámica con todo el grupo, todo excelente; nuevamente, al proceso de alumno por alumno, todo a la perfección; le correspondió al niño: «Chuyito, ahora te toca a ti leer solito». Le señalé palabra por palabra... «Cololalo, cololalo, cololalo, cololalo».

El director observaba desde la ventana, sonreía, movía la cabeza.

Sonó el timbre para el recreo, se acercó el director, me comentó: «Ese Chuyito está pesado».

Finalizó el recreo, todos al salón de clases. El director continuó con su trabajo en las ventanas.

«Bien, niños, vamos a continuar con nuestra clase de hoy, primero leo yo, luego todos repiten».

Tomé el metro, señalé el vocablo «Rojo», inconscientemente, leí: «COLORADO». Escuché a todo el grupo repetir: «Colorado, colorado, colorado».

El director, literalmente, saltó de la escalera, emitió sonora carcajada, platicó con algunos de los compañeros, les comentó: «Chuyito ya convenció al profesor Vizcarra de que lo correcto es decir "colorado", no "rojo"».

Durante bastante tiempo, mis compañeros me hacían *bullying*, diciéndole a Chuyito: «Enseña a hablar a tu profe».

Un gracioso recuerdo inolvidable.

CAPÍTULO 2

LA FAMILIA

JASIELITO

Un recuerdo inolvidable dedicado a mi hijo, en su onomástico número 37.

Viajamos a la ciudad de Los Ángeles, California, mi esposa y nuestros pequeños hijos, Zayd y Jasiel; la bebita, Merit, se quedó en casa de su abuelita en Mexicali, Baja California.

El propósito del viaje era comprarle un automóvil a mi entrañable suegra, doña Esther; su servidor tenía un amigo que radicaba en el Condado de Santa Ana, California, en sus tiempos libres se dedicaba a la compra de autos en los remates de las aseguradoras, en Los Ángeles.

Era viernes, un matrimonio de amigos, Fernando y Yolanda, nos hospedaron en su departamento por esa noche. El sábado por la mañana, mi amigo que nos llevaría al remate, Fernando, y su servidor acudimos al establecimiento de venta de automóviles.

Después de observar varios carros, me llamó la atención un Buick modelo 1980, lo consideré especial para mi suegra; lo compramos en $1300 dólares, un precio económico; en mis planes no estaba contemplado adquirir un automóvil; sin embargo, un Dodge Aspen que entró al remate me agradó, le comenté a mi amigo que buscara quedarse con él, ofreciendo hasta el costo del anterior, si no, que no importaba no comprarlo; lo adquirí en $930 dólares.

Ahora contaba con tres carros para regresarnos a Mexicali, habría de ser temprano, porque en el que viajábamos tenía un poco de problemas con sus luces, debíamos evitar que nos alcanzara la noche. Nos asaltaba otra duda, mi esposa jamás había manejado en *freeway*, obligadamente, sería la primera vez.

Acordamos venirnos directos, sin parar, hasta Mexicali. Mi amigo conduciría el carro que compramos a mi suegra, su servidor, el que adquirí, y mi esposa, su carro; mi amigo sería el guía; mi esposa, en medio, acompañada de nuestro hijo Zayd; y su servidor, vigilaría desde atrás, Jasielito era mi copiloto, contaba con 7 u 8 años de edad.

Aproximadamente, después de dos horas de camino, estábamos por llegar a la ciudad de Indio, California, mi hijo me comentó: «Papá, tengo muchas ganas de hacer pipí», le respondí: «Aguanta un poquito, ahorita paramos en una gasolinera». Observé que el niño se apretaba su *pipirín*, se retorcía sobre su asiento; le dije: «Jasielito, no puedo parar, tu mamá va manejando, no se va a enterar si me orillo en el *freeway*». Tomé un envase vacío de un refresco, le indiqué que se arrodillara sobre el piso del carro, que orinara en el envase.

Se arrodilló de frente al volante, con desesperación abrió el cierre de su pantalón, medio alcanzó a sacar su «pajarito». ¡Oh, sorpresa!, soltó el chorro de orines con tal presión que me roció la cara, el pecho, los brazos... ¡Hasta la ventanilla del carro la bañó! Tristemente, me di cuenta de que al envase un chorrito le tocó.

El tiempo vuela, los años pasan, hace aproximadamente 30 años de este suceso, aún percibo el rocío y la orina de mi hijo Jasielito sobre mi cuerpo...

«Feliz cumpleaños, hijo mío».

ZAYD, EL NIÑO EXTRAVIADO

En septiembre del año de 1984, me incorporé al Sistema Educativo Estatal, recibiendo mi adscripción a la escuela secundaria de nueva creación, ubicada en el ejido Yucatán, en el Valle de Mexicali.

Eran tiempos difíciles, primordialmente en el aspecto económico, una época en la que requerí de grandes sacrificios, por lo que pusimos el máximo de los esfuerzos para salir adelante con nuestros problemas; tuve la oportunidad y necesidad de laborar en los tres turnos educativos: matutino, vespertino y nocturno. Diariamente, a excepción de los viernes que descansaba el nocturno, desarrollaba mi trabajo desde las 7:30 de la mañana hasta las 10:30 de la noche.

Pocos años antes, habíamos adquirido nuestra casa a través de crédito bancario, así como una fracción del lote aledaño a nuestro terreno; vivíamos una situación crítica en lo económico, literalmente, una quincena la invertíamos en alimentos, la siguiente a cubrir gastos.

En esa época, la casita se ubicaba en la última cuadra del fraccionamiento que continuaba en construcción, todo lo demás era terreno baldío, cubierto de monte: mezquites, pino salado, cachanilla, chamizo. Ese terreno era mi ruta diaria para dirigirme al Valle a laborar en la secundaria, salía de casa a las 3:00 p. m.

Por la falta de solvencia económica, nuestra vivienda adolecía aún de cerco o reja perimetral, preocupante porque Dios nos había bendecido con dos pequeños hijos: Zayd y Jasiel. El primogénito era extremadamente intrépido, audaz, atrevido, sobre todo, vago; tardó en hablar, pero fue rápido para caminar. Junto con ellos criamos una perrita, Peggy, que resultó ser un animalito fiel, noble e inteligente, cuidaba mucho de los niños.

El día del suceso, salí por la tarde a la hora acostumbrada, época en que no existían los celulares, la escuela tampoco contaba con teléfono; en lo particular, pasé un día normal, rutinario.

Por la noche que llegué a casa, encontré a mi esposa tejiendo, sentada sobre un sofá, aparentaba tranquilidad, al llegar hasta ella me tomó la mano, me dijo: «Gordo, el niño se extravió»... Sin poderse contener, me abrazó, soltó el llanto... Dejé caer el maletín, literalmente, entré corriendo a la recámara de los niños, ambos dormían profundamente.

Mil cosas pasaron por mi cabeza, angustiado y confundido, le pregunté: «¿Por qué dices que se extravió? ¿Qué fue lo que realmente pasó? ¿Acaso lo lastimaron?».

Un poco más tranquila, serena, aunque entre sollozos, me contó lo sucedido.

Ella no se dio cuenta del momento en que el niño se desapareció, cuando se enteró, lo buscó en casa de los vecinos, porque teníamos la experiencia de que en otras ocasiones lo había hecho; después, acudió al auxilio de algunos vecinos y trabajadores que andaban en la construcción, buscaron en gran parte del fraccionamiento, también sobre el terreno baldío, el monte, sin ningún resultado positivo; había transcurrido más de una hora de búsqueda, una vecina se ofreció con su carro a hacer un recorrido por la ruta que yo acostumbraba, considerando que el niño habría querido seguirme.

Cruzaron todo el terreno baldío, llegando hasta la calzada del CETYS, tomaron esa avenida, observaron pasar una patrulla, decidieron solicitar su auxilio; le informaron del acontecimiento, la policía tomó los datos generales del niño, lo comunicó a otras unidades a través de la radio.

Minutos después, una unidad de policía informó que habían encontrado a un niño con las características descritas a la altura de la CFE, por la calzada Lázaro Cárdenas, aproximadamente a 5 kilómetros de distancia de nuestra casa, preguntando si era acompañado por una perrita... «Afirmativo», contestó el oficial.

Lo increíble e inexplicable es que un niño, de escasos 4 años, haya recorrido esa enorme distancia, atravesando monte, canales, sorteando el tráfico y que su acompañante de aventuras jamás lo haya abandonado, siempre estuvo junto a él.

ZAYD, EL NIÑO EXTRAVIADO... Gracias a Dios, solo resultó una historia para contar.

EL PICHIRILO DE PAPÁ

Eran mediados de diciembre del año 2009, junto con mi esposa, nos encontrábamos en la ciudad de San Diego, California, buscando a Santa Claus, para hacer las compras de Navidad; visitamos un centro comercial que ofrecía gran variedad de mercancía.

En esas fechas, mi padre contaba con 95 años, lucía fuerte, vigoroso, consciente, muy lúcido para su avanzada edad. Encontrarle su regalo navideño no representaba dificultad, era ropa o calzado, lo acostumbrado; sin embargo, en el centro comercial me encontré un aparador que exhibía artículos elaborados con el arte de hojalatería, particular y concretamente, me cautivó un juguete, un *pick-up* que me hizo echar atrás mi mente, casi 50 años atrás, recordando uno casi idéntico que era propiedad de mi papá, un Ford modelo 50 o 51, por su antigüedad, la gente lo bautizó con el seudónimo de «el Pichirilo».

Emocionado, lo compré, lo escogí como su regalo perfecto, pensando que le iba a encantar, lo iba a impresionar, lo haría hasta llorar de la emoción. Se lo mostré a mi esposa, le conté la historia del *pick-up* de papá que desconocía, coincidió con mi pensamiento: «Le va a encantar su regalo». Terminamos las compras, retornamos a Mexicali, durante el trayecto, mi conversación versó sobre el juguete adquirido, sentimentalmente, me sentía conmovido de la emoción.

Se me hizo eterna la semana de espera para recibir la Navidad, había soñado la cara de felicidad de mi padre al desenvolver su regalo, le resultaría una emocionante y grata sorpresa.

Llegó el tan ansiado día, nos reunimos en casa de nuestros padres, una tradición familiar, disfrutamos de la cena navideña, curiosamente, papá decidió retirarse a descansar, sin esperar el evento de desenvolver los regalos, le rogué que nos acompañara, ofreciéndole ser el primero en abrir sus regalos, no lo convencí.

Esa noche, dormí intranquilo, deseando estar presente cuando descubriera mi regalo; acostumbraba a levantarse temprano, por la mañana me comuniqué telefónicamente, contestó mi madre, le pregunté si papá ya había abierto su regalo, me comentó: «Ya lo abrió, se ofendió, está enojadísimo, hablando puras barbaridades; necesitas venir y hablar con él».

Inmediatamente, me reporté a su casa, iba acompañado por mi esposa, llegué preguntándole: «¿Papá, te desagradó mi regalo?».

«¿No te das cuenta?, me quieres tratar como a un niño, como soy un viejo, te burlas, quieres que me arrastre por el suelo jugando con el carrito; son chingaderas y falta de respeto tuyo». Fue su contestación.

Detalladamente le expliqué que era un regalo que le obsequiaba de todo corazón y respeto, no para que jugara, sino para que recordara la camioneta que tuvo en los años 60, a la que mi hermano le rotuló en las puertas: «Comisariado Ejidal, Ejido Chihuahua», que toda la gente lo conocía como «el Pichirilo».

«Fíjese bien en el juguete, es casi idéntico a su *pick-up* que tanto cuidaba, de corazón, mi deseo es que lo conserve, no como un juguete, sino como un recuerdo de su vida».

Comprendió y aceptó la verdadera intención de mi regalo, cambió su actitud, me agradeció, prometió conservarlo por siempre; lo colocó en un mueble de la sala, no permitía que los niños o personas jugaran con su juguete.

Dos años después falleció, hoy, Gracias a Dios, «el Pichirilo» adorna y bendice nuestra casa en memoria de mi padre.

DESENCANTO

Caminante no hay camino, se hace camino al andar.

Cantares de Joan Manuel Serrat

Cuarenta y dos años se dicen pronto y fácil, y transitarlos por el sendero de la vida a veces resulta azaroso, complicado, la propia existencia te presenta obstáculos, en diversas ocasiones, difíciles de superar; pero cuando en un matrimonio los afrontan juntos, de la mano de Dios, seguramente, siempre los vencerás.

El tiempo no se detiene, avanza rápido, diligente, presuroso; hoy, 30 de junio del año 2021, se cumplen cuarenta y dos años que mi esposa y su servidor decidimos unirnos en el sagrado sacramento del matrimonio.

Después de más de cuatro décadas, seguimos firmes en nuestra relación, más comprometidos con el regalo y la bendición de nuestros hijos, nietos y familia.

No se piense que nuestro matrimonio siempre ha sido «miel sobre hojuelas», hemos padecido algunos desencantos; jamás olvidaré el primero de recién casados, aunque gracioso, hasta divertido, pero sucedió.

Meses antes de casarnos, rentamos una casita, a la que tuvimos que hacerle algunos arreglos porque había permanecido deshabitada, estaba convertida en nido de malvivientes que la tenían semidestruida; llegó el día de nuestra boda, aún no se encontraba en condiciones de habitarla, por lo que acudimos al auxilio de mis padres, dándonos hospedaje mientras se concluían los trabajos de reparación.

Cuando al fin nos establecimos en nuestro nuevo hogar, observé que una de mis tareas principales sería remover la tierra acumulada sobre la banqueta, ya que la avenida principal se encontraba pavimentada, pero la aledaña no, lo cual provocaba el montón de tierra.

La casita estaba ubicada a pocas cuadras del parque del Nido de los Águilas, una tarde se escuchaba el sonido del estadio de béisbol, invité a mi esposa al juego, me comentó que sería en otra ocasión; asistí solo. Terminado el partido, caminé a casa, probablemente serían las 11:30 de la noche cuando llegué, con gran cuidado, abrí la puerta, entré sigilosamente, intentaba no perturbar su sueño; me desvestí en la sala, me recosté a su lado, no despertó, estaba profundamente dormida.

La mañana siguiente, me levanté aclarando el día, era fin de semana, tenía el propósito de comenzar a remover la tierra; tomé la carretilla, pala, azadón y escoba, inicié con mi tarea. De 5:30 a. m. a 8:30 a. m., cada hora, estuve entrando y saliendo de la casa, con el fin de tomar agua, hacía mucho calor, siempre procurando no despertar a mi bella durmiente, quien continuaba en los brazos de Morfeo.

Chambeando, me dieron las 9 de la mañana, cansado, sudoroso, hambriento, sintiéndome molesto, pensé que había sido bastante tolerante y considerado con mi esposa, que ya era hora de que se levantara y preparara mi desayuno, por lo tanto, decidí cambiar de estrategia, procurando hacer mucho ruido al entrar, con el fin de que despertara y me atendiera.

Para mi sorpresa, al entrar, la encontré sentada en la cama, bañadita, arreglándose, pero sin ningún movimiento en la cocina, por lo que le pregunté: «¿Aún no has hecho el desayuno?, tengo mucha hambre».

Grotescamente, me contestó:

–Háztelo tú, no me molestes.

–Dime la razón de tu actitud, te dejé dormir hasta tarde, sin perturbar tu sueño para que descansaras; entonces, ¿qué pasó?

–Explícame con quién y dónde dormiste anoche que no llegaste a casa.

–Gorda, me la pasé como tu príncipe azul, velando sin perturbar tu sueño; tú, como la Bella Durmiente, al llegar no te besé para no despertarte; ¿por qué mejor no te asomas por la ventana, para que te des cuenta de la chinga que me he metido desde la cinco de la mañana, mientras, preocupado, te dejaba dormir plácidamente?

Recién casados, historia de un desencanto.

CARTA DE MI HIJA

«Hola, papá, estaba buscando un regalo para tu cumpleaños, pero me resulta difícil encontrarte el indicado».

Textualmente, transcribo el enunciado con el que mi hija inicia lo que, en lo personal, considero «un regalo de amor». Lo hizo para felicitarme en mi bendecido onomástico número 69; me emociona el alma porque me recuerda anécdotas, pasajes y vivencias que compartimos durante su niñez y adolescencia.

En su tierna carta me expresa: «Examinando en mi memoria, me encontré con algunas historias que me hacen sonreír, otras que me dejaron una enseñanza en mi vida y unas más que me han permitido conocer un poquito más de ti, papá».

En su sentimental misiva, principia con una anécdota, que, según sus palabras, la considera de sus favoritas.

…«Una mañana que me llevabas a la escuela primaria Leona Vicario, en el *pick-up* viejito que tanto me encantaba, recuerdo que, mientras manejabas, extendías y hojeabas sobre el volante el periódico que hacía un instante habías comprado al señor del alto; me emocionaba y admiraba tu habilidad para ir manejando y leyendo a la vez, orgullosa pensaba: "Nada más mi papá puede hacerlo"»…

47

Continuando con el contenido de su amorosa cartita, me recordó una de las «fechorías» que cometimos juntos.

...«Está muy presente en mi memoria cuando fuiste cómplice conmigo, porque llegamos tarde a la escuela, habían cerrado la puerta principal, manejaste por el callejón, a escondidas, me auxiliaste a brincar el cerco, me aconsejaste: "Córrele hasta tu salón, dile a la maestra que estabas en el baño cuando sonó el timbre"»...

En otro de sus recuerdos hace alusión a un triste y nostálgico momento de nuestra vida.

...«Con gran tristeza y sentimiento, recuerdo el momento en que me doblegué ante el féretro de mi abuelita, llegaste consolándome con un fuerte abrazo, sellando mi consuelo con un inolvidable beso en la frente; sentí la fuerza y el cariño de un padre; en ese instante, mi dolor se convirtió en un remanso de paz y tranquilidad» ...

En su narrativa, cruza por su mente una historia recurrente en nuestra vida familiar.

...«Papá, uno de mis recuerdos más agradables e inolvidables, son, sin duda, los domingos en casa de mi tata y mi nana, cuando, junto con tus hermanos, mis tíos, jugaban todo el día al dominó; para que no estuviera de metiche, me dabas diez pesos para que fuera a comprar un raspado al puesto de "la Güera", siempre era de fresa con lechera; después, te abrazaba por tu espalda, te daba un beso, con la intención de conquistarte y me permitieras sentarme sobre tus piernas y poder ser partícipe de tu juego de dominó... siempre lo logré»...

Lo que considero como «su regalo de amor», lo finaliza con admirables y conmovedoras palabras:

...«Papá, extraño esos imborrables momentos, quisiera retroceder el tiempo; como hija he cometido errores, también aciertos, los tiempos cambian, a veces en la relación padre – hija no es fácil entender las reglas del juego, pero son comprensibles; hoy me siento feliz y orgullosa de observar cómo te comportas con tus nietos: cariñoso, tierno, juguetón, relajado... los envidio, daría mi vida por reencontrarme con mi niñez»...

...«Siempre, siempre, siempre pienso en ti, en tu salud, en tu bienestar... Te amo papá, FELIZ CUMPLEAÑOS»...

...Hija, Merit, me has entregado el mejor regalo, el más indicado... sencillamente, TE AMO.

UNA AVENTURA CON MI PADRE

Un recuerdo en su décimo año luctuoso.

El día de esta vivencia, llegué por la mañana a casa de mis padres, rutinariamente lo hacía al dirigirme a mi trabajo, el pretexto era disfrutar de las delicias del desayuno que preparaba mi madre.

Es imposible no añorar el par de huevitos estrellados, bañados con salsa mexicana, acompañados con chorizo, frijoles refritos y queso fresco, sin faltar las tortillas de harina recién hechas, salsa de molcajete y el cafecito calientito; todo ese manjar, con la incomparable sazón de doña Mode, mi madre.

Siempre, después del delicioso desayuno, acostumbrábamos una amena plática de sobremesa. Ese día, al despedirme, mi padre me preguntó si tendría la oportunidad de llevarlo a la barbería, para que le dieran su arregladita; acordamos que a las cuatro de la tarde pasaría a recogerlo en casa.

Considero que, para su edad —en ese tiempo, él tendría 90 años—, lucía con mucha energía: sano, fuerte, lúcido. Usaba bastón, pero en realidad lo traía más de lujo que por necesidad, caminaba firme, no lo ocupaba mucho. Él tenía su barbería preferida y su barbero exclusivo, el local aún funciona, es épico del Centro Histórico de la ciudad de Mexicali: «Barbería Panorámica». A la hora acordada, pasé por mi padre, cuando llegamos a la barbería, su barbero le comentó que tendría que esperarse un poco porque tenía un cliente que comenzaba a arreglar; «Espero», respondió papá. Fuera del local, se encontraba un puesto para bolear calzado, el encargado era conocido de él, se quitó sus zapatos, me pidió que se los lustraran.

Mientras lo atendían, para distraerme un poco, acudí al famoso «Bar La Conga», situada a dos cuadras de la barbería, disfruté un par de *chavelas* preparadas, especialidad del lugar. Regresé a la barbería, seguían atendiéndolo; minutos después, estaba listo, le solicité que me esperara un momento, en lo que iba por mi *pick-up* para recogerlo.

Al subirlo, le expresé: «Quedaste como nuevo, cabello recortado, bigotes alineados, zapatos charoleados, ¿no crees que eso amerita festejarlo con unas *chavelas* bien frías?», «Si las invitas, vamos», contestó.

Nuestra madre nos platicaba que, cuando joven, era cosa seria, bohemio, que se llegó a desaparecer por dos o tres días, que en ocasiones visitaba las cantinas en Mexicali; acciones que, como hijos, jamás nos enteramos. En las convivencias familiares compartía con nosotros dos o tres cervezas, de vez en cuando se tomaba un par de tequilitas.

Al aceptar mi invitación, estacioné mi *pick-up* a la entrada del bar, escogimos una mesa junto a la barra, inmediatamente, nos atendieron con dos *chavelas* preparadas. Después de los primeros tragos, le pregunté qué le parecían las cervezas: «Están a todo dar, heladas, bien sabrosas», me contestó. Solicité un par más, las disfrutábamos, cuando entraron un par de chicas, jovencitas, guapas, vestidas con minifalda, ropa muy entalladita, se sentaron frente a nosotros, en banquillos altos, junto a la barra; se observaban sensuales, provocativas, como queriendo llamar la atención... «Mira, papá, qué chulada de muchachas, jovencitas, guapas, bonitas, piernudas, ¿qué te parecen?, ¿cómo las ves?»

Me contestó: «¿Qué chingados me gano con verlas?, me hubieras invitado unos 30 años antes, ahorita ya ni llorar es bueno»...

Una aventura con mi padre... un recuerdo guardado en el corazón.

LOS HUESITOS DE MAMÁ

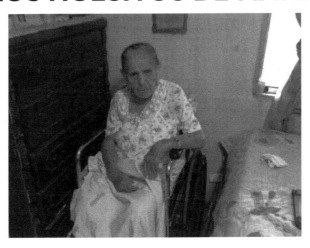

«*Profe*, extraño sus anécdotas, me encantan, soy su fan, las comparto con mi hijo».

Hace días me lo expresó una amiga maestra; motivado por tan estimulantes palabras, en un momento de insomnio, vino a mi mente una de las tantas «fascinantes vivencias» que nos contaba la más extraordinaria e inolvidable persona, que desde hace algunos años se encuentra en el regazo de los brazos del Creador, mi entrañable madre.

Era costumbre de mi madre que, cuando acudíamos familiarmente a un restaurante, al término de la comida, recogía los huesitos sobrantes, los envolvía delicadamente en servilletas, los guardaba en su bolsa de mano. Su manía de acarrear con los sobrantes de comida era para alimentar a unos gatos y palomas que diariamente la visitaban en su casa, ella y mi padre los tenían acostumbrados a alimentarlos.

Mi madre apreciaba mucho sus bolsas de mano, contaba con varias, sabía con exactitud quién y en qué fecha se la habían regalado: Día de las Madres, Navidad, cumpleaños... era una persona con memoria envidiable. Alternaba sus bolsas de acuerdo con el evento al que asistiera, claro, tenía sus preferidas.

De su vivencia nos contaba que un día acudió a una cita médica al Seguro Social, llegó, registró su asistencia y pasó a ocupar un asiento en la sala de espera, que en ese momento se encontraba con muchos pacientes.

Minutos después de esperar, comenzó a percibir un olor desagradable, observó a las personas que estaban a su lado, mentalmente las culpó como responsables de la pestilencia: «Gente sucia, desaseada, no se baña para acudir a estos lugares», fue su pensamiento.

Sin embargo, le causó extrañeza que, instantes después, las personas que se encontraban a su lado, pasaron a ocupar otros asientos, inclusive notaba que la observaban con desagrado, como molestas. Más inquietud le provocó que otra persona que ocupó uno de los asientos a su lado, inmediatamente lo desocupó y, al alejarse, presintió que la miraba con recelo.

Se preguntó: «¿Seré yo quien huele mal?, no creo, porque me bañé antes de venirme».

Con esa interrogante se encontraba, cuando la llamaron para su consulta. Ingresó al consultorio del doctor, se sentó frente a él, este le preguntó sobre su estado de salud, a lo que respondió que se sentía bastante bien.

El doctor le solicitó su carnet médico, colocó su bolsa sobre el escritorio... al abrirla... de golpe y porrazo, se percibió un olor horripilante que provocó que el médico se reclinara en su asiento hacia atrás, casi desplomándose hasta el piso, ella expresó: «¡Oh, Dios Santo!, son mis huesitos olvidados en mi bolsa los que huelen mal».

¿Cuánto tiempo los habría dejado olvidados en su bolsa de mano?...

A pesar de su vivencia, jamás abandonó la costumbre de recoger los sobrantes de comida para alimentar a sus animalitos. Fascinante historieta de mi entrañable madre.

EL VOLCÁN DEL CERRO PRIETO

Ha pasado algún tiempo en que una apreciable amiga publicó, en la red social de Facebook, una bella e impresionante fotografía (o pintura) digna de una postal, del símbolo emblemático y representativo de nuestro glorioso Valle de Mexicali: el volcán del Cerro Prieto.

Conservé esa imagen, me impactó sentimental y nostálgicamente, conmovió las fibras más sensibles de mi memoria y mi ser, recordándome uno de los pasajes más osados, atrevidos e inolvidables, vivido en la etapa de mi niñez.

Desde el pobladito en que nací, con claridad se divisa el volcán del Cerro Prieto, bajo visión óptica aparenta encontrarse cerca, sin embargo, aproximadamente 10 kilómetros es la distancia que lo separa. En los años de los 60, en mi comunidad, una de las grandes diversiones era bañarse y disfrutar del canal alimentador de agua, que surtía las parcelas de riego y al pobladito en general; nos divertíamos adultos, jóvenes y niños, sin distinción, hombres y mujeres. El canal corría por las orillas del ejido, era ancho, profundo, siempre con gran cantidad de agua; para nosotros era como una alberca grande natural.

El día del acontecimiento por relatar, siete u ocho niños, cuyas edades eran entre 10 y 12 años, a excepción de mi hermano menor, quien contaría con aproximadamente 7 años de edad, habíamos disfrutado toda la mañana del baño, mirando hacia el volcán, se me ocurrió proponer un paseo al Cerro Prieto, lo mirábamos cerquita, con la inocencia e ingenuidad de nuestra niñez, aceptamos el reto; atrevidos, audaces, intrépidos, sin medir consecuencias, emprendimos el camino, lo más insólito: sin permiso de nuestros padres.

Jamás imaginamos la distancia por recorrer, empezamos nuestra odisea atravesando brechas, parcelas, monte, canales, drenes. Cansados pero divertidos, llegamos a nuestro destino, sería mediodía, estábamos al pie del volcán del Cerro Prieto; resultaba difícil su ascenso, sin embargo, lo logramos, llegamos a la cúspide del cerro, tuvimos la osadía de descender hasta el fondo del cráter, donde, con piedras volcánicas, grabamos nuestros nombres como muestra de haber cumplido nuestro reto.

Tarde iniciamos el retorno, oscurecía cuando arribamos al lugar de nuestra partida, grabados estarán en mi mente, por siempre, los rostros de angustia y desesperación de nuestros padres, familiares y amigos que, al vernos llegar, por el lado opuesto del canal, irrumpieron en llanto y gritos de alegría, de emoción: «Están vivos, gracias a Dios, todos están vivos, es una bendición».

Posterior al regocijo del abrazo, beso, caricia y bendición de bienvenida, para su servidor y otros de mis amigos, llegó la realidad del merecido y bien aplicado castigo: los cintarazos de la desobediencia; me correspondió doble por haberme llevado a mi hermano menor.

Después de la tormenta, llegó la calma, mi entrañable madre, con serenidad y tranquilidad, me contó que vivieron horas de incertidumbre y mucha angustia; fue demasiado el tiempo sin saber de nosotros, nuestros padres y gente de la comunidad rastrearon por kilómetros el canal, buscándonos, así como en los alrededores del ranchito, al no obtener ningún resultado positivo, concluyeron: «Es una tragedia, se ahogaron, el agua los arrastró».

La inocencia e ingenuidad de nuestra infancia, lo que para nosotros fue una diversión, para nuestros padres y familia resultaron horas de enorme sufrimiento. Este pasaje de mi niñez me permitió aprender un gran legado: «Obedecer y respetar siempre los consejos de los padres».

Esta es la historia de una de mis más atrevidas e intrépidas aventuras de mi infancia.

POPÓ DE GATO

«Papá, regálame alguna historia que recuerdes de mi niñez»,
me expresó mi hija.

En el año de 1995, junto con un grupo de compañeros maestros, fuimos comisionados para realizar una extensa jornada de trabajo sindical, durante varias semanas en la Ciudad de México, específicamente en la Sección Novena del SNTE (Sindicato Nacional de Trabajadores de la Educación). Éramos compañeros institucionales, comprometidos con el proyecto sindical que encabezaba la Profa. Elba Esther Gordillo, líder del SNTE. Nos enfrentaríamos a una tarea difícil, nuestra misión consistiría en lograr penetrar, con labor sindical-institucional, a las bases de maestros, pertenecientes a la Sección Novena de la Coordinadora Nacional; fuerte movimiento magisterial que en esa época se encontraba en plenitud de su lucha sindical, corriente respaldada por todo el apoyo y fuerza de sus bases.

Formamos un ejército de maestros de las diferentes secciones sindicales del país, la misión lo ameritaba. La primera semana de trabajo consistió en recibir cursos intensivos y asesorías por parte de nuestra organización sindical, el SNTE, como preparación y orientación de conducción de asambleas delegacionales. Nos informaron que el principal objetivo de la CNTE (Coordinadora Nacional de Trabajadores de la Educación) sería evitar que se realizaran las asambleas. Nos orientaron para saber afrontar las probables estrategias que emplearía la CNTE para evitar el desarrollo de las asambleas. La jornada de trabajo duró más de un mes: intensa, complicada, problemática, inquietante. Muchos compañeros padecieron de amargas e injustas experiencias. Después de haber cumplido con la encomienda de nuestra organización, la mayoría de los compañeros retornaron a sus secciones, no fue mi caso ni la de algunos otros, porque tuvimos reprogramación de reuniones, que nos obligaron a permanecer una semana más en la Ciudad de México.

Durante mi estancia en la capital, se me presentó un asunto familiar muy especial en Mexicali, B.C., toda mi familia había tenido ceremonia de graduación en diversos niveles educativos: mi esposa en el CETYS, mi hijo mayor en secundaria, el menor en primaria y la niña en el kínder; por mi compromiso con la organización sindical, estuve ausente de sus eventos.

Expuse el asunto a mi secretario general, quien me apoyó para que mi esposa e hijos se trasladaran a la capital como un estímulo a sus logros alcanzados. El hotel en que me hospedaba, donde los recibí, se ubicaba junto al edificio de la Sección Novena de la CNTE. Días después de la llegada de mi familia a México, la Sección Novena inició su congreso, cientos de maestros tenían prácticamente secuestrada la calle donde estaba su edificio, no dejaban descansar ni de día, ni de noche. Todos los cánticos y consignas que expresaban las 24 horas, mis hijos se las aprendieron, se volvieron comparsas de la Coordinadora.

Un sábado por la mañana, con mis hijos hicimos un paseo por el Bosque de Chapultepec; mi esposa y mi niña no nos acompañaron, porque mi hija había amanecido con un leve problema de salud. Por la tarde que regresamos al hotel, las encontramos con deseo de salir a comer. Las invité a una fondita típica de la capital, donde acostumbré a acudir en varias ocasiones durante mi estancia en México.

En la mesa del restaurante, mi esposa y la niña se sentaron frente a mí, los niños a los lados. Mi hija estaba por cumplir 5 años. Sirvieron los platillos, comíamos, le indiqué a la mesera: «Señorita, por favor, ¿me sirve una orden de frijolitos refritos?».

Cuando regresó, colocó una ollita de frijoles junto a mi platillo... la niña los observó detenidamente, su rostro denotó extrañeza, dejó de comer, se acercó a mí, con asombro los señaló, me preguntó:

−¿Papá, qué cosa es eso que se ve tan feo?

−Hija, son frijolitos.

Eran frijoles negros, propios de aquellas regiones, totalmente desconocidos para ella.

−¿Te los vas a comer?

−Claro que sí, pruébalos, están ricos.

−No, papá, qué asco, parecen popó de gato.

POPÓ DE GATO, un recuerdo de mi hija en México.

SU INOLVIDABLE ABRAZO

Era una fiesta infantil familiar, a los niños los ordenaban en fila para romper la piñata, junto a mí se ubicó uno de mis pequeños sobrinos, lo tomé de los hombros y le pregunté: «Betito, ¿tú cuando cumples años?»... Verdaderamente me enterneció y conmovió la inocencia e ingenuidad de su respuesta: «Ya tengo como 8 años que no cumplo años»...

Comprensible y lógica su contestación, nunca lo habían festejado, su expresión me causó una «emoción nostálgica», logró que mi pensamiento viajara en el tiempo, recordando mi niñez... jamás supe de un pastel, piñata o fiesta en alguno de mis cumpleaños, cuando menos que recuerde.

Fueron otros tiempos, bajo circunstancias diferentes, pero tampoco pasaban desapercibidos, mi madre siempre nos festejaba con caldo de gallina o mole, ese era nuestro regalo de cumpleaños.

Hoy cumplo 68 años de edad, Dios ha bendecido mi vida.

Deseo festejarlos compartiendo una inolvidable y sentimental vivencia, que me da la oportunidad de recordar a una extraordinaria e inigualable persona; un ser que cambió los abrazos, besos y caricias, por regaños y castigos, hombre forjado en el campo, que desde niño conoció y sufrió la dureza de la vida... estricto, recio, inquebrantable en su carácter, pero difícil, imposible de emular en su trabajo, honestidad, nobleza y bondad, grandioso y verdadero ser humano... Mi padre, don Víctor, «el señor de las canas».

El tiempo, el caminar en la vida, me ha enseñado a comprender su manera de ser, hoy estoy plenamente seguro de que en cada castigo o cintarazo que nos propinaba se le partía el alma, le dolía, pero nos entregaba una gran lección... «Sean personas de bien, justos, respetuosos, honestos, trabajadores», era el significado de sus reprimendas.

Padre, esta historia, escrita en tu memoria, la conservaré por siempre en mi mente y corazón.

Sucedió a finales de los años 50, siendo yo un escuincle. En el patio de la casa, junto a un troque de redilas, había una paca de algodón, varios niños teníamos rato jugando, arrojándonos desde lo alto de las redilas hacia el montón de algodón, era temprano por la mañana.

Más tarde, comenzamos a jugar a los vaqueros, todos traíamos nuestros caballos de palo, con sus respectivas riendas y no podían faltarnos las pistolas. Tenía una pistolita clásica de aquella época, de las que se cargaban con triques, esa usaba.

Corríamos por todo el patio, en un momento, salté sobre la paca de algodón, escondiéndome de los otros vaqueros; aceché a uno de los enemigos, al pasar a un lado de mí, le disparé... Dios mío, la chispa del trique incendió rápidamente el montón de algodón; asustado, comencé a gritarle a mi mamá, ella, junto con unas visitas que estaban en casa, con baldes y botes, comenzaron arrojarle agua de una poza grande que había en el patio; vecinos corrieron a auxiliar... resultó imposible contener el fuego, todo el algodón se consumió.

Llorando, le comenté a mi madre que no lo había hecho con intención, que andábamos jugando; me contestó que teníamos que esperar a que llegara papá del pueblo (ciudad), me sugirió que escondiera mi pistolita. Mi padre, siempre que salía a la ciudad, regresaba tarde al ejido. Para mí, ese fue un día largo, eterno, interminable; todas las horas pensaba en el castigo.

Tenía un *pick-up* Dodge modelo 1955, color verde, estuve todo el día pendiente de su llegada, serían como las cinco de la tarde, cuando observé que llegó, se fue directo a casa de un compadre suyo, a cierta distancia de la nuestra. Pasó bastante tiempo sin que se reportara, seguía asustado, temeroso, desesperado; hasta la fecha me he preguntado qué o quién me impulsó a ir a su encuentro.

Recuerdo a mi padre, recargado sobre el cofre del *pick-up*, con su camisa blanca de manga larga y su texana café claro; conversaba con varias personas.

Llegué cabizbajo, me senté sobre la parrilla, cerca de él, me ignoró.

Pasados algunos minutos, sin levantar la cabeza, le comenté:

—Papá, se quemó el algodón que tenías en el patio de la casa.

—Ya me comentaron, me dicen que fuiste tú... ¿Es cierto?

Sollozando le contesté:

—Sí, fui yo, pero no lo hice adrede, jugaba con mis amigos.

—Para la próxima vez, debes de tener más cuidado, se pudo haber quemado el troque y hasta la casa.

Con temor, levanté la cara, lo miré: «Papá, ¿no me vas a pegar?».

Me tomó del brazo, me arrimó hacia él, me refugió en sus brazos, y me expresó:

«No, hijo, cuando una persona tiene el valor de decir la verdad, de aceptar su culpa, no se le debe castigar, porque demuestra ser honesto».

Un instante, una acción, un pequeño detalle, me bastó para entender y comprender el enorme corazón, la nobleza y bondad de mi padre.

Hoy, en mi cumpleaños, me siento inmensamente feliz, recordando la ternura y amor de «su inolvidable abrazo»... Padre, Dios te tenga en su Santa Gloria.

CAPÍTULO 3
LOS AMIGOS

LA BOYA DEL MARINERO

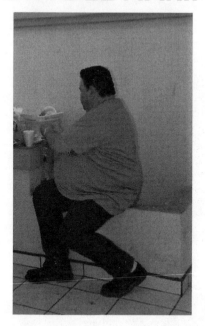

Curiosidades de la vida.

Compartí por Facebook un comentario de mi amigo Ovidio, sobre los 79 años que cumpliría su papá. Comenté sobre las anécdotas vividas junto al entrañable y mejor amigo AMADO. Me crean o no, pero hoy sentí que me envió un mensaje espiritual, solicitándome que narrara alguna de nuestras tantas vivencias.

Desayunando con mi esposa, se detuvo un carro frente a nuestra ventana, maniobró para regresarse, sorprendido, exclamé: «Mira, Norma, la combi de Amado», raramente observamos ese tipo de autos, son clásicos, lo que es verdad, es que era idéntica a la que él tenía. ESA COMBI TUVO SU HISTORIA.

Un fin de semana, hicimos un tour, rumbo al Laughlin, Nevada, Amado, Edgar (su hijo), Rafita –ellos descansan ya en el espacio celestial–, Magaña y su servidor. «Saldremos por Algodones», dijo mi amigo.

Supuestamente, habría menos gente, se facilitaban más los permisos, sin embargo, teníamos la amarga experiencia de un oficial muy déspota, prepotente: alto, fornido, cabeza rapada, mal encarado. Obligado a aclarar, para quienes no conocieron a Rafita, era un chaparrón, obeso de 130 a 140 kilos de peso, bonachón, alegre, simpático, gran amigo.

«Ojalá en la revisión no esté el pinche viejo pelón, cara de cochi», expresó Amado. Al entrar a las oficinas, ¡eureka!, el personaje en mención. Preguntó: «¿Venir todos juntos?», «Sí», contestamos. «¿Todos tener comprobante de trabajo?». «Sí», «¿Cuál es su trabajo?». «Soy empleado federal del Gobierno de los Estados Unidos Mexicanos», contestó Amado, de manera muy formal; como que la contestación desconcertó al oficial, inclusive a nosotros. «¿Usted?», preguntó a Edgar. «Soy oceanógrafo». «¿Cómo dice?». «Marino», fue su respuesta.

El migrante continuó con Rafita: «¿Cuál es su trabajo?». Nuestro compañero Magaña, que estaba a un lado, rápidamente expresó: «ES LA BOYA DEL MARINO». La cara mustia del oficial se transformó; una sonrisa de oreja a oreja se dibujó en su cara, no podía dejar de sonreír, sin más preguntas, ni documento alguno, nos extendió los permisos, aun sonriendo, expresó: «Que les vaya bien, que ganen en los casinos».

Subiendo a la combi, Amado comentó: «Rafita, te vamos a canonizar, hiciste un milagro, lograste hacer sonreír al pinche cara de cochi», carcajada general, «Muy chistositos, muy chistositos», expresó Rafita.

Aventura inolvidable.

Amado, abrazote hasta el cielo, misión cumplida.

BOTINES PSICODÉLICOS

En mis años de juventud, cuando deseaba disfrutar de una sabrosa cerveza «caguama», escarchada, helada, servida con tarros congelados, botana, especialidad de la casa: «cacahuates», sin pensarlo ni dudarlo acudía al Bar El Camécuaro.

Frecuentaba dos, uno que se encontraba por la Calle F, cerca de mi domicilio; otro, ubicado por la Calle México, en el Centro Histórico de la ciudad de Mexicali.

Era una cantina-bar, en mi experiencia, un lugar tranquilo, apacible, de *relax*; jamás padecí algún incidente o problema personal, al contrario, puedo presumir que en alguna ocasión compartí un par de cervezas con el famoso Indio de Acero, *pitcher* estelar del equipo Águilas de Mexicali en esa época, el ídolo, Ernesto Escárrega.

Enfrente del Camécuaro del centro de la ciudad, se localizaba la famosa Taquería Tom, con sus sabrosísimos taquitos de carne asada y tripitas, con tortillas de maíz semidoradas y su salsa roja «espanta-borracheras».

Mis compañeros de farra, en esa ocasión, eran Javier y José Luis, dos extraordinarios amigos. Llegamos por la tarde, comenzamos a convivir bajo una condición o reto: «Nadie se va a rajar».

Pasamos varias horas consumiendo cerveza, nos anocheció, ninguno estaba decidido a perder la apuesta.

Durante toda la tarde-noche, había estado entrando y saliendo un bolero, ofreciendo sus servicios.

El calzado de mis preferencias eran botines con *zipper*, a media pierna, de piel, buena calidad. Mis colores favoritos eran el vino o miel. Acostumbraba lustrar mi calzado a un costado del puesto de la Lotería Nacional, enfrente de la iglesia de la catedral.

El joven había estado insistiendo en lustrar nuestros zapatos.

Se me acercó, creo que, literalmente, recuerdo sus palabras: «Carnal, permítame darle lustre a su calzado, le garantizo dejarlos *chilos*, bien charoleados».

Su aspecto y expresión indicaban que andaba drogado, le pregunté: «¿Seguro que trabajas bien?»; «Jefe, soy profesional en mi jale, si no le convence, no me pague», me contestó. Me sugirió aplicarles tinta fuerte a los botines, acepté. No sé actualmente, pero le aplicaban la tinta fuerte, luego, con periódico encendido, la quemaban; él hizo el procedimiento, me había quitado los botines. Lo acostumbrado en los bares, todo estaba a media luz; nosotros seguíamos enfrascados en nuestra convivencia. «Jefe, ahí le voy», me puso los botines, «quedaron como nuevos, listos para el bailongo».

Le pagué el servicio, lo compensé con buena propina. Dos o tres cervezas más, salimos del bar, nos dirigimos a la Taquería Tom.

Saboreamos unos ricos taquitos, uno de mis compañeros comenzó a reírse, su risa subió a carcajada, su accionar le impedía hablar, simplemente miraba hacia mis zapatos y los señalaba; cuando pudo expresarse comentó: «Ya le entraste a la moda»; «¿Por qué lo dices?», le pregunté. «Traes los zapatos de colores, muy psicodélicos». El méndigo, desgraciado bolero, pintó los botines de diferente color: uno negro, otro café, ni siquiera del color original; cumplió con sus palabras: quedaron *chilos* y bien charoleados. Jamás habré de perdonarme que hasta lo compensé con bastante buena propina.

La burla de mis compañeros no se hizo esperar: «Regálaselos a Rorrito (famoso payaso) quedaron especiales para su *show*».

FUMIGADOS

En los años 60 y 70, estudiantes egresados de las escuelas normales de todo el país buscaban continuar sus estudios en los cursos de verano, en normales superiores, especializándose en alguna materia de la educación.

Una escuela de mucho prestigio para continuar los estudios de especialización era la Escuela Normal Superior de Tepic, Nayarit, estudiantes de todo el país acudían a ella.

En lo particular, en mis primeros años de ejercer la docencia, no acudí a una normal superior, ingresé a la preparatoria, al término de la misma, durante un año, me convertí en cimarrón de la UABC, ingresando en la Facultad de Veterinaria.

Fue hasta el año de 1977 cuando decidí, junto con otros tres compañeros, tomar cursos de especialización en la Normal Superior de Mazatlán, Sinaloa.

Nos hospedamos en un hotel, no recuerdo su nombre, pero el lugar nos resultó muy estratégico para nuestros estudios: costo preferencial para estudiantes, cerca de la playa, ruta de camiones urbanos, servicios públicos cercanos, todo adecuado.

Compañeros de otros estados –Sonora, Chihuahua, Sinaloa– también se hospedaron en el lugar, inscritos en la misma normal.

Recuerdo que llegamos un domingo por la mañana, era un cuarto para los cuatro, tenía dos camas *king size*, amplias. De inicio, tuvimos una desagradable impresión del hotel; frente a la puerta de nuestro cuarto, sobre la banqueta, se ubicaba una alcantarilla, por donde comenzaron a entrar y salir unas impresionantes y enormes ratas, creo del tamaño de un conejo.

Viajar en camión resultaba muy cansado, más de veinticuatro horas de camino, después de quedar impresionados con las ratas, caímos rendidos, nos quedamos profundamente dormidos.

El día siguiente, lunes, temprano, nos levantamos, primer día de clases. Todos nos quejamos de haber amanecido «enronchados», por lógica, pensamos que habría chinches o pulgas en nuestro cuarto.

Por la tarde, al regresar de la escuela, llegamos directamente a la administración del hotel a reportar el problema de las probables picaduras de insectos que padecimos por la noche.

El encargado de la oficina nos comentó que le resultaba rara la queja, porque nadie antes lo había hecho; sin embargo, aclaró que le informaría al responsable, únicamente que sería al siguiente día, porque ya se había retirado.

Amanecimos igual que la primera noche, completamente «enronchados», pero en esta ocasión hicimos el reporte temprano, antes de salir a la escuela. Al regresar por la tarde, después de nuestros sagrados alimentos, nos recostamos, nos quedamos dormidos.

A todos nos despertó un ruido y el escándalo de un señor que parecía «cazafantasmas», traía un tanque de fumigar sobre su espalda, la manguera en sus manos nos rociaba, mejor dicho, bañaba completamente con el líquido, iracundo expresaba: «Aquí nunca nadie se ha quejado, nada más ustedes, riquillos que vienen del norte, ¿por qué no se buscan otro hotel?»... Bastante furioso se miraba el amigo; salimos del cuarto, nos persiguió para seguirnos fumigando. Camas, cobijas, ropa, todo, absolutamente todo, roció con el líquido.

Al paso de los días, nos enteramos de que su nombre era Juan, todos lo conocían con el apodo de «Yani». Era una persona mayor, en un cuartito, al final del pasillo, sobre la banqueta de nuestra habitación, guardaba sus herramientas de trabajo.

Pasaron las semanas, los sábados y domingos acostumbrábamos a jugar baraja debajo de un árbol que estaba en el patio del hotel. Los compañeros de Sonora y Chihuahua compartían la jugada y la convivencia; don Yani se integró al grupo, le encantaba la baraja, también la pisteada.

Nuestro entrañable amigo, el Gordo León, era muy bromista y ocurrente.

Un sábado, festejamos el cumpleaños de una compañera de Sonora, desde temprano comenzamos la fiesta. Durante el festejo, acordamos que por la noche continuaríamos la pachanga, en algún antro del malecón; don Yani también se anotó para acompañarnos.

Por la tarde, «las *cheves* lo vencieron», quedó bien botado sobre la banca del árbol.

Anochecía, por un momento, nuestro amigo el Gordo se desapareció, todos seguíamos con la diversión; repentinamente, apareció con el tanque de fumigar; roció, bañó, fumigó a don Yani, que ni se inmutó, no se enteró, diciéndole: «Pinche viejillo, para que sienta lo que vivimos con su fumigada y se le desaparezcan las pulgas y las chinches de su cuerpo».

Los compañeros y amigos de Sonora y Chihuahua comentaron: «Gordito, eres tremendo y cabrón».

Esa fue la historia de los fumigados.

LA BOCANA

A finales de la década de los años 80, comencé, junto con mi esposa e hijos, a visitar en los periodos vacacionales escolares mi añorado pueblito donde inicié mi profesión de docente: el Ejido Eréndira.

Encantador pueblito, rodeado por cerros, bañado por el Océano Pacífico, con un clima esplendoroso, situado a 100 kilómetros al sur del municipio de Ensenada, Baja California. Sus pobladores son gente sencilla, noble, trabajadora; dedicados a diversas actividades que les ofrece la comunidad: agricultura, ganadería, pesca, comercio.

Desde el momento mismo en que mi familia conoció el lugar, les fascinó, motivo por el cual, durante varios años, hicimos tradición el paseo, principalmente en las vacaciones de Semana Santa y las de verano. Posteriormente, un compadre y su familia se incorporaron a nuestra aventura.

En los primeros años que comenzamos a visitar el ejido, recibíamos hospedaje en casa del profesor que había sido mi director de la escuela primaria, donde en 1973 había iniciado mi labor docente. En esa época, él habitaba su casa con sus tres hijos.

Después de varios años de visitar el lugar, mi compadre y su servidor nos hicimos el propósito de adquirir un terrenito y construir una casita de campo. Conociendo nuestras intenciones, el director nos ofreció en venta una fracción de un lote grande que tenía, hicimos trato.

Construimos nuestra propia casita, sencilla pero muy acogedora, durante diez años la disfrutamos, sin embargo, por malos entendidos con gente ambiciosa, sin escrúpulos y para evitar problemas mayores, la destruimos.

Siempre resultaron ser vacaciones agradables, divertidas, de mucha convivencia familiar; los hijos las disfrutaban enormemente: playa, pesca, senderismo, montar a caballo. Los amigos y exalumnos nos complacían regalándonos una gran variedad de productos del mar: langosta, pescado, caracol, choros, erizo; recuerdo en una ocasión un enorme tiburón.

Nuestros hijos acostumbraban, casi a diario, pasarse horas en un lugar que se ubicaba aproximadamente a una distancia de un kilómetro de nuestra casa, era su espacio preferido, se le conoce como la bocana.

En tiempos de mucha lluvia, se suscita un fenómeno natural con una peculiaridad muy especial: el arroyo que baja de la sierra crece caudaloso y fuerte hasta juntarse con el mar, donde, al llegar la corriente, abre un gran «boquete» para incorporarse al mar, de allí surge el nombre de LA BOCANA.

Otro capricho de la naturaleza se observa a la entrada del arroyo al mar, esa abertura hacia el mar divide la playa en dos partes: hacia un flanco, playa con kilómetros cubiertos de piedra, imposible caminar sobre ella; flanco contrario, kilómetros de arena fina, blanca, preciosa.

Esa entrada al mar, al juntarse el agua del arroyo y el mar, permite que se forme una pequeña laguna, con agua tibia y tranquila; ese espacio era lugar de diversión de nuestros hijos, prácticamente una alberca natural. El promedio de edad de los niños, que era un grupito de ocho, oscilaba entre los 8 y 11 años.

Estábamos acostumbrados a que, nomás desayunaban, corrían hacia la bocana, muy puntuales, regresaban entre la una y las dos de la tarde, a la hora de la comida. En cierta ocasión no ocurrió así, a los papás nos preocupó, porque tenían retraso de más de una hora; nos disponíamos a salir a buscarlos, cuando los divisamos por el camino.

Nosotros, muy preocupados, ellos llegaron, todos con una sonrisa muy pícara, en sus caras denotaban que algo ocultaban. Los interrogamos, no querían hablar, según habían acordado no comentar nada; sin embargo, después de varias preguntas y regaños, confesaron: «En la bocana andan unas mujeres gringas, sin ropa, encueradas y un señor les tomaba fotos».

En esos tiempos, americanos acostumbraban llegar a esas playas vírgenes, solas, retiradas de la comunidad, acampaban, se asoleaban por días y se sabía que también practicaban el nudismo.

Por lo comentado por los niños, concluimos que en realidad era una sesión pornográfica.

Con morbosidad, junto con mi compadre, planeamos visitar el lugar al siguiente día, muy temprano, considerando que podría tocarnos parte del *show*. Con el pretexto de hacer las necesidades fisiológicas al aire libre, temprano salimos de casa, rumbo a la bocana.

Observamos unas casitas de campaña, una camioneta grande y un vochito (Volkswagen), accesorios de *camping*, pero, por la hora, seguramente todos dormían.

Mi compadre comentó: «Valió madre la desmadrugada, las artistas están dormidas».

«Ni modo, compadre, no nos tocaba, pero ya que estamos aquí, aprovechemos para abonar la tierra».

Cada quien escogimos un arbusto, nos colocamos a la sana distancia. Apenas habíamos adoptado la posición «de aguilita» para realizar nuestras necesidades, escuché: «Compadre, compadre, me quieren tragar estos pinches animales», «También a mí», le contesté.

Nos estaban atacando enjambres, enjambres de las moscas verdosas, grandes, nomás se escuchaba el zumbido; curiosamente, no les importaba ni cara, ni cuerpo; únicamente se dirigían a la parte más noble y suspiradora de nuestro cuerpo, las moscas mancillaron nuestro ser.

Fue tan cruel y despiadado el ataque de las moscas, que el papel sanitario fue innecesario.

Así terminó la historia de la bocana.

CULPABLE O INOCENTE

Era un cuadrilátero improvisado, bajo una enramada de palos de mezquite, cubierta con ramas de tule; los palos circundados por mecate, un costal para piscar relleno de algodón para golpear, dos pequeños botes de lámina con cemento colado, utilizados como pesas, una cuerda para saltar y un par de guantes de box...

Evaristo es un primo muy apreciado en la familia, actualmente, persona de la cuarta edad, tenía una casita humilde, construida de «cachanilla», emplastada con barro, vivía a las orillas de nuestro ranchito; ahí improvisó el cuadrilátero.

En su juventud, practicó el deporte del box, su rostro refleja las huellas de ese pasado, realizó varias peleas a nivel *amateur*, nunca profesional; eran los llamados «Torneo de los barrios». No tuve la oportunidad de verlo boxear, era aún muy pequeño, ganó algunas peleas, la gente comentaba que era buen prospecto, pero, radicando en el rancho, no encontró quien lo auxiliara y patrocinara en este rudo deporte.

Recuerdo que de niño lo visitaba para que me enseñara a boxear, me colocaba los guantes, los cuales me abarcaban todo el brazo; apenas los ponía, se hincaba frente a mí, hacía que le golpeara su cara, caía al suelo, comentaba: «Golpeas fuerte, vas a ser buen boxeador». En mi juventud, siendo estudiante normalista, practiqué un poco el boxeo en el gimnasio Reforma, en el famoso barrio de la Chinesca, bajo el mando del «secre» Ortega.

La presente vivencia se relaciona con un espectáculo del boxeo.

El penúltimo viernes de noviembre del año 2011, con mi compañero Polanco, viajamos a la ciudad de Las Vegas, Nevada, donde otros amigos nos esperaban, hospedados en el Hotel Luxor; prácticamente, estrenaba mi carro Nissan Sentra, la velocidad ni se sentía. El objetivo era asistir a la cuarta pelea del mexicano Juan Manuel «Dinamita» Márquez vs. el filipino Manny Pacquiao.

El sábado por la noche, el evento esperado: «La gran pelea». Resultó todo un gran espectáculo, pelea de poder a poder, aguerrida, combativa, belicosa, emocionante, con final inesperado... impresionante *knockout*, propinado por nuestro compatriota, el «Dinamita» Márquez, triunfo mexicano.

Finalizada la pelea, emprendimos el regreso a la ciudad de Mexicali, probablemente a las once de la noche. Habíamos avanzado hora y media de camino, conducía por la carretera interestatal 95; de madrugada, paraje desértico, sin tráfico. Viajábamos tranquilos, por el espejo retrovisor, a la distancia, divisé unas luces de automóvil, comenté a mi compañero: «No dudes que sea la *Highway Patrol* (policía de los Estados Unidos)».

Conduje algunas millas más, cuidando la velocidad autorizada, las luces se acercaron, encendió los códigos, hizo sonar la sirena, había acertado, era la patrulla.

El oficial me informó que millas atrás conducía con exceso de velocidad, solicitó mis documentos, se retiró a su unidad; mi copiloto lo acompañó. Regresó con su boleta de infracción, informándome que debería pagarla y recoger mis documentos en el Condado de Needles, Arizona. Mi compañero corroboró que la computadora de la patrulla marcaba 101 millas de velocidad. Continuamos nuestro camino.

Al siguiente viernes, mi esposa me acompañó al condado referido, con la intención de pagar la infracción, desafortunadamente, por el horario en que llegamos al lugar, encontramos cerradas las oficinas. Decidimos pasar el fin de semana en Las Vegas, regresar el lunes.

Desayunábamos el lunes en Las Vegas, preparándonos para regresar a pagar la infracción, recibí una llamada de mi amiga Eréndira, informándome que el día jueves se realizaría la posada navideña de la Caja de Ahorro ADES, invitándome a auxiliarla como maestro de ceremonia del evento, tradición de muchos años; brevemente, le comenté lo sucedido, comprometiéndome a explicárselo detalladamente al siguiente día.

Junto con mi esposa, nos presentamos en las oficinas del Condado de Needles, ella era mi traductora; al presentar la boleta nos informaron que esa infracción violaba las leyes de los Estados Unidos, obligadamente, debería presentarme en la Corte, donde un juez determinaría la sentencia.

En ese momento, me asignaron un abogado de oficio, una señora, persona mayor, deficiente en el idioma español, por su propia edad, difícil de comprenderla al expresarse.

Lo poco que le entendí era que, en EE. UU., conducir arriba de 100 millas era atentar contra la vida, que regularmente las sentencias eran días de cárcel, servicios comunitarios y pago monetario o lo que el juez determinara. Me hizo la observación de que, al leer la infracción, el juez preguntaría si me declaraba culpable o inocente, me sugirió que me declarara culpable.

Ante la Corte me declaré culpable, el juez dictó la sentencia... $860 dólares de la infracción. Lógico, regresamos a casa con mi infracción, no contaba con dicha cantidad.

El martes por la mañana me presenté con mi amiga Eréndira para revisar lo relativo al evento navideño, hablamos sobre mi odisea en Las Vegas. El jueves por la noche, nos preparábamos para iniciar la fiesta navideña, ella me dijo que los responsables del evento deseaban conversar conmigo.

Ellos manifestaron que, por tantos años de auxiliarles en el evento, deseaban compensarme ofreciéndome un traje de vestir formal, algún tour turístico o apoyo económico, lo que decidiera; mi amiga, que escuchaba, me sugirió que les comentara lo de la infracción en Las Vegas, su apoyo económico fue mi regalo navideño.

Nuevamente, regresamos al Condado de Needles, en Arizona, mi esposa e intérprete, al cubrir el pago de la infracción, me comentó que la secretaria de la oficina le informaba que tenía derecho de pasar a Corte y solicitar una apelación sobre la infracción impuesta... «No, no, no deseo dar más vueltas, ni visitar la Corte, dile que atenté contra la vida, que me declaro totalmente culpable».

EL MICROONDAS

Sonó insistentemente el teléfono de mi oficina, descolgué, «¿Con quién tengo el gusto?»...

«Asómate por la ventana, mira cómo se está poniendo el día: nublado, lloviznando, fresco, especial para vagancia en el camino»... Era la voz de mi entrañable y mejor amigo Amado. Le fascinaba manejar cuando las condiciones climáticas estaban como me las acababa de describir. Tenía un *pick-up* Ford Lobo, no recuerdo el modelo, pero varias aventuras compartimos en él; jamás permitió que lo auxiliáramos a conducir, así anduviera sin dormir, desvelado o cansado.

La llamada era para hacerme una invitación al casino Paradise, en Yuma, Arizona, que frecuentábamos, además, me ofreció dispararme los famosos *hot dogs* que vendían en la gasolinera AMP de la calle cuarta de la ciudad de Yuma.

Le acepté su distinguida invitación, aclarándole que me permitiera pasar a dejar mi carro en casa y recoger el pasaporte. Me comentó que también recogería su visa y aprovecharía para pasar por casa de nuestro amigo Polanco e invitarlo para que nos acompañara. Llegó por mí solo, no había localizado a nuestro compañero.

Le confesé: «Amado, traigo poquitos dólares, estamos fuera de quincena, no me atreví a pedirle prestado a mi esposa, con trabajo le solicité permiso para ir al casino, de verdad, lo hago por acompañarte».

«No te preocupes, traigo la corazonada de que le vamos a partir su madre a las maquinitas», fue su contestación.

En el casino acostumbrábamos a jugar en unas maquinitas de póker, cuyo premio mayor era la jugada de Royal Flush, dando a ganar $1000 dólares; en varias ocasiones anteriores habíamos ganado ese premio.

Arribamos a la ciudad de Yuma, directo a la gasolinera, me entregó un billete de $50 dólares para que pagara en caja, lo hice, me asomé por la puerta de la tienda, le grité que podía comenzar a cargar gasolina; me indicó con una seña que me acercara a él... «Mira», me señaló las placas de un *pick-up* que cargaba gasolina, su numeración era 5555, marcaba la jugada de un póker, eso dijo, «señal inequívoca de que venimos con un chingo de suerte, vamos a ganar».

Después de echar gasolina, estacionó su *pick-up* frente a la tienda, entramos a disfrutar los famosos *hot dogs*. Primeramente, me dirigí a los sanitarios, él, directamente a prepararse su *hot dog*; al regresar de los baños, ya estaba por terminar de comérselo, le pregunté si se lo había preparado frío o había calentado el pan. «Lo puse un tiempo en el microondas», me contestó.

«Amado, tú sabes que soy de rancho, no sé usar esa chingadera». Me instruyó un poco en la manera de usarse. El empleado del local, poquito antes, colocó un letrero en la caja, indicando que pronto regresaba.

Mi amigo me expresó: «Voy al baño, quiero otro, por favor me pones un pan a calentar».

Tomé tres panes –considerando que me comería dos, más el que me pidió–, los coloqué en el microondas, según yo, le marqué 40 segundos; con tranquilidad, pasé a servirme una soda, a escoger una bolsa de papitas para llevar al casino, con el tiempo un poco excedido, revisé el microondas, seguía girando, no se apagaba. Observé que el vidrio de la ventanita se empañaba con el vapor, luego comenzó a humear un poco, empezó a oler como a quemado;

asustado, intenté abrir la puertecilla, imposible, estaba muy caliente, quemaba. No sé si pasaron uno, dos o tres minutos, pero el área se cubrió de humo, se activó el sistema de alarma de incendio, entró el empleado, desconectó el aparato, todo se volvió un caos.

«¿Qué pasó aquí?», preguntó mi compañero. «Se quemaron los panes», contesté.

Instantes después, se escucharon sirenas, arribaron patrullas y un carro bombero, rápidamente, acordonaron el área, retiraron a gente y curiosos que no querían perderse el *show* que se formó.

Policías y bomberos me interrogaron sobre lo sucedido, me encontraba muy nervioso, sin embargo, me aclararon que, aunque el incidente no pasó a mayores consecuencias, era su obligación hacer reporte de su trabajo.

En la madrugada que regresábamos a Mexicali, al pasar por el lugar, mi compañero comentó: «¿Te imaginas en qué personaje tan famoso te hubieras convertido, cuando en la portada de los periódicos a ocho columnas apareciera: "Piromaníaco casinero ataca gasolinera en Yuma"?»...

FLATULENCIA

En la década de los años 70, quienes ejercíamos la docencia, padecimos la amarga experiencia de que, cuando recibíamos el derecho y beneficio de un cambio de adscripción de estado a estado o simplemente de municipio a municipio, automáticamente, nuestro sueldo se nos congelaba, dejábamos de percibir el ingreso económico; el problema principal era que no se nos retribuía o regularizaba en un periodo de cuatro, cinco o más meses.

Fue nuestro caso, mis compañeros León, Ramón y su servidor recibimos cambio de adscripción del municipio de Ensenada a Mexicali.

Por tal motivo, cuando pasamos a desempeñar nuestro servicio docente, al Puerto de San Felipe, en el año de 1974, ninguno teníamos carro propio; habíamos dejado de recibir nuestros emolumentos. El autobús de pasajeros fue el medio de transporte que utilizábamos.

La Secundaria Técnica Pesquera era novedad en el Puerto, dos años antes se había fundado; funcionaba como internado, tuvo mucha demanda, jóvenes de Mexicali, principalmente del Valle, asistían a esa escuela.

Casi siempre los domingos, en su horario de última salida al Puerto, el autobús viajaba con pasaje completo. En su trayecto, jóvenes estudiantes lo abordaban, se sacrificaban viajando parados.

Era domingo, el día de esta historia, compartí asiento con mi gran amigo, el Gordo León. Quedamos ubicados en la cuarta hilera atrás del chofer; me pidió la oportunidad de viajar junto a la ventana.

Mi compañero era persona alegre, bromista, muy ocurrente, pocas veces tenía plática seria, puras bromas, ocurrencias; siempre con una sonrisa a flor de labios.

El autobús hacía una parada, en el lugar conocido como La Ventana, era una antigua gasolinera donde se abastecía de combustible, se ubicaba, y se ubica aún, en medio del desierto, entre Mexicali y San Felipe. El pasaje, en su mayoría, descendía, principalmente a estirar las piernas y hacer sus necesidades.

«Chonillo (apodo con el que me identificaba), vente para los pinitos (pinos salados), voy a quemarme un cigarrillo y aflojar el cuerpo (soltar gases)», me comentó.

Después de su acción, suspiró profundo, se sobaba el estómago, expresó: «Volví a la vida, qué hermoso es liberar sentimientos reprimidos (gases)».

Proseguimos nuestro camino, probablemente estaríamos a unos 15 minutos de llegar al Puerto, me susurró al oído: «Desde hace rato he venido aguantando las ganas de arrojar un gasecito», le pregunté: «¿Crees que lo vayas a tronar?». «No creo, lo pienso disimular», «Pues suelta el cuerpo, nadie se va a enterar».

Me preguntó: «¿No vas a hacer escándalos, no le vas a hacer al cuento?», «Claro que no, gordo».

Recargó su cabeza sobre la ventana, tal vez habría pasado minuto y medio de la plática, ¡Dios mío, qué horror, ingrato, bárbaro! Salté del asiento, fue de esas flatulencias silenciosas, pero que atacan con rencor: hedionda, amargosa, enchilosa, ni como quedarte tranquilo, imposible soportarlo; no hubo manera de disimularlo.

Entre los pasajeros, en sus caras, denotaban su desagrado, algunos se cubrían su nariz; otros retrocedían del lugar; mi amigo permaneció serio, agachado, impávido, inmóvil, sus cachetes se le enrojecieron.

Como a los cinco minutos del suceso, bajamos del autobús, en el trayecto a casa me iba maldiciendo, amenazaba con golpearme, se mostraba muy agresivo.

En casa conversamos más tranquilos, queriendo justificarme, le comenté: «Me confesaste que arrojarías un gasecito, no que explotarías una bomba».

Nuestro compañero Monchi intervino: «Gordo, es que tu flatulencia estuvo criminal, golpeó a todos en general».

Un poco más relajados, le expresé: «Amigo, considéralo por el lado positivo, piensa en la sabia reflexión: "Por un pedo, vale más perder un amigo, que un intestino"».

CAPÍTULO 4

PERSONAJES

DOÑA LOLITA

Eran mediados de diciembre del año 1974, cerca del periodo vacacional navideño, también serían los últimos días que rentaríamos y compartiríamos nuestra estancia en casa de nuestra madre adoptiva en San Felipe, doña Lolita, ya que, iniciando el año nuevo, nos mudaríamos a una casa que nos ofrecieron prestada.

Doña Lolita tenía un *pick-up* con plataforma y redilas, se veía muy graciosa al conducirlo, siendo ella una mujer mayor, chaparrita y menudita, causaba extrañeza, como que su personalidad no coincidía con el tamaño del carro. Diario, al término del desayuno, acostumbraba a llevar a sus nietas a la escuela primaria estatal, nosotros laborábamos en la federal.

Una mañana, coincidimos con su salida, nosotros no contábamos con automóvil, le solicitamos que nos diera *raite* a nuestra escuela; a regañadientes, aceptó, diciéndonos que, si sus nietas llegaban tarde a su escuela, sería culpa nuestra, que deberíamos levantarnos más temprano, que no fuéramos tan flojos.

Mis compañeros se sentaron sobre la plataforma en la parte trasera, yo me fui parado sobre el estribo del lado del copiloto. Por la noche había llovido bastante, las calles estaban zanjadas por los arroyos que se formaron con la lluvia.

Ella manejaba molesta, enojada porque la habíamos desviado de su ruta, pasaba las zanjas «como alma que lleva el diablo», era un botadero que se sentía en el *pick-up*. Unas cuadras antes de llegar a nuestro destino, tomó una zanja profunda, nuestro amigo León, prácticamente, salió disparado de la plataforma, quedó sembrado a media calle, le grité: «Doña Lolita, el Gordo se cayó, párese, por favor». «No, no, se me hace tarde para dejar a las niñas, voy muy apurada», me contestó.

Padres de familia y alumnos que caminaban rumbo a la escuela fueron testigos del percance, afortunadamente, todo resultó muy chusco, nada que lamentar.

Doña Lolita siempre mostró mucho aprecio y empatía por nuestro compañero el Gordo León, de todos los renteros que vivíamos en su cuartería, era su consentido, no lo disimulaba.

Ese día, al regresar de la escuela, nos recibió con un sabroso caldo de res, sabía que era la comida preferida del Gordo, le dijo: «Gordito, perdóname, no quería que mis niñas llegaran tarde a su escuela; te hice caldito, ¿me perdonas?». Todo quedó solucionado.

La cena jamás estuvo incluida en el servicio, acostumbrábamos a cenar en el centro del poblado. Al regresar esa noche, preparándonos para dormir, sentí deseos de mis necesidades fisiológicas. La cuartería tenía un baño comunitario, se encontraba en el patio, me dirigí hacia él, me encontré al matrimonio de personas mayores, huéspedes, ocupándolo; la señora esperaba a su esposo, le pregunté si también usaría el baño, contestándome positivamente.

Regresé al cuarto, comenté a mis compañeros que lo mío era ya una urgencia, pero que los viejitos ocupaban el baño; «De verdad ya no aguanto», les expresé.

«Si traes mucho apuro, haz atrás del cuarto, ya es de noche, nadie te verá», me aconsejó el Gordo.

«Tienes razón, te haré caso, es una emergencia; como los gatos, enterraré la mercancía».

Entre la pared del cuarto y el cerco de ocotillo, había un espacio como de un metro, al fin de rancho, adopté la posición de «aguilita»; cuando más inspirado me encontraba, contemplando las estrellas, a la luz de la luna, bañado con la brisa del mar; hasta entonaba una canción... repentinamente, lámpara en mano, acompañada por mis compañeros, se apareció doña Lolita: «Muchacho majadero, cochino, asqueroso; levántese, recoja su cochinero, lárguese al baño, marrano». Mis compañeros encendían más el fuego: «Que con sus manos recoja su cochinada, que no sea tan puerco, córralo, que respete su casa».

La lámpara que usaba era bastante grande, se me acercó a muy corta distancia, me alumbraba por completo, le suplicaba: «Ya no me alumbre, apague la lámpara, fue una emergencia, era grande mi necesidad, el baño estaba ocupado... perdóneme, enterraré lo que hice, por favor, ya no me alumbre».

Seguía terca: «No, señor, no me voy a retirar hasta que se levante y limpie toda su suciedad».

Pasado el amargo momento, entré al cuarto, mis compañeros estaban enfiestados, el Gordo me comentó: «¿Recuerdas cuando me pusiste el dedo con lo del plátano?, pues hoy levanté a doña Lolita para que te descubriera, sentí una dulce venganza... Estamos a mano».

Días después, nos despedimos de ella, le agradecimos su hospitalidad y atenciones, le pedimos disculpas por todas nuestras imprudencias; fue un momento nostálgico, sentimental, muy emocional, nos despidió expresándonos: «Los quiero como mis hijos, voy a extrañar sus ocurrencias y travesuras».

Creo que doña Lolita, en términos actuales, esa noche, me escaneó.

MATADOR

En diciembre del año de 1978, tuve la necesidad y obligación de presentar unas pruebas pendientes del curso de verano, en la Normal Superior de Mazatlán, Sinaloa.

Durante la semana de exámenes, recibí alojamiento de mi tía Ramona y su esposo José, que trabajaba de velador y encargado de la plaza de toros; la propiedad contaba con una casa que ellos habitaban.

Don José me bautizó con el mote de «Matador», después de la siguiente historia que habré de narrarles.

La tarde del acontecimiento, ya libre del compromiso de la escuela, disfrutábamos de un cartoncito de cerveza Pacífico –típica bebida del estado de Sinaloa– José, Eliodoro (tío mío) y dos personas más. Después de algunas cervezas consumidas, entrados en ambiente, don José me preguntó: «¿Te animas a torear a alguno de los becerritos que viste en el corral?».

Alegre, envalentonado, contesté: «Claro que sí». Me advirtió: «Son bravitos, son becerros de lidia».

Nos dirigimos al corral, los observé, escogí uno; no estaba ni muy chico, tampoco grande, tamaño mediano.

Me facilitó un capote, un gorro de torero, es decir, me vistió «de luces». El público sobre la barrera estaba compuesto por mis tíos, Ramona y Eliodoro, los dos trabajadores y don José.

Valiente, salté al ruedo, a media plaza, esperé al novillo, apareció, Dios mío, de cerca lo miraba enorme, sentí escalofríos, me embistió, logré darle dos o tres capoteadas: enseguida me topeó y tumbó, escuché las carcajadas del público presente, pero también las porras de aliento: «¡Arriba, torero, valiente matador!».

Como los grandes toreros, volví a enfrentar al becerro, unos buenos pases, y de nueva cuenta, me embistió. La gente coreaba el «¡olé, olé, olé!», eso me dio valor, insistí, pero, en ese último intento, le pegué algunas capoteadas, después le corrí, me alcanzó, me remachó contra la barrera: arrojé el capote, desistí de seguir toreando.

«Matador, matador, la faena amerita un buen festejo», me expresó don José; desde ese momento inmortalizó ese mote.

Sí festejamos, visitamos una palapa a orillas del malecón, era un lugar apacible, tocaba una banda sinaloense, agradable ambiente y rica botana. Solicitamos un baldecito de Pacíficos.

A cierta distancia de nuestra mesa, se encontraba una muchacha sola, consumiendo una cerveza, don José la saludó con una reverencia, por lógica, la conocía. Durante el transcurso de la tarde-noche, dos o tres personas se acercaron a ella, inclusive con alguno compartió una cerveza en su mesa.

En ocasiones, dirigía su mirada hacia nosotros, sonreía, estaba guapa, cara bonita.

«Matador, la muchacha te está coqueteando, te sonríe, ¿ya te diste cuenta de que despreció a algunos pretendientes?», me comentó don José, contesté: «Le voy a brindar una cerveza, a ver qué cara me hace». Llamé al mesero, le solicité que le ofreciera una cerveza de mi parte.

Se la llevó, le señaló que yo se la brindaba, desde la mesa le levanté la botella, correspondió a mi saludo. «Matador, tírate al ruedo, la tienes muerta, hazle la faena», las palabras de don José y el saludo de la chica me hicieron sentir todo un galán. Le di dos o tres tragos más a la cerveza, decidido, avancé hacia ella, aunque me asaltó una interrogante: «¿Me le presento como maestro o torero?».

«¿Me permite acompañarla?». «Claro que sí», me contestó sonriendo. Nos presentamos, conversamos por buen rato, compartimos una cerveza: sonó la banda, le extendí la mano, «¿Bailamos?». «No bailo», fue su respuesta. Molesto, pero con educación y respeto, me despedí de ella, desilusionado.

«Vieja apretada, como está buena y bonita, desprecia a todo mundo», comenté en la mesa.

Estábamos por retirarnos, ella le hizo una señal al mesero, él se acercó con un par de muletas, me di cuenta: «Pobrecita muchacha, padecía una notoria discapacidad, se le observaba una pierna más corta que la otra, lo cual le impedía caminar normal, mucho menos bailar»... Sentí remordimiento y pena por mi comentario expresado.

«Matador, no fue tu día, el becerro te revolcó y la chica te despreció».

Así nació el mote de Matador.

LA PELONA

Durante la maldita pandemia del COVID-19 que nos azotó, que nos mantuvo prisioneros en nuestras propias casas, encontré un fugaz relajamiento en mi humilde celda, recordando y escribiendo vivencias, que me han permitido entregarles tranquilidad y serenidad a mis pensamientos.

Estas sencillas y cándidas anécdotas me han comprometido con mis escasos lectores, que con sus entusiastas y motivadores comentarios me alientan a continuar plasmando mis modestos ensayos.

Hoy titulo mi vivencia: *Cosas raras tiene la vida.*

¿Por qué este título? Hace días tenía un escrito, en borrador, haciendo referencia a La Taquiza de Chente, curiosamente, hoy me entero, a través de un video en Facebook, que esta taquería clausura su servicio, después de 53 años de establecido.

En el año de 1969 emigré de mi ranchito a la ciudad, con la finalidad de iniciar mis estudios como estudiante normalista, me vine a radicar a una casita que mi padre había comprado en 1957, que se encontraba habitada por mi hermano Leopoldo y su esposa, ubicada por la calle E, entre Plateros y Larroque, colonia Industrial, a unas cuantas cuadras de este establecimiento.

En el año de 1967, dos años antes de mi llegada a la ciudad, se había fundado La Taquiza de Chente. Fue una taquería tradicional y emblemática de la ciudad de Mexicali, Baja California.

Era una taquería muy concurrida, sobre todo porque atendía hasta altas horas de la noche, Chente, su dueño, siempre se encontraba presente, atendiendo a la clientela con gran amabilidad; Mario era su taquero chef, persona que hoy tiene su negocio propio, conocido como La Taquiza de Mario 2.

Prácticamente, era vecino de La Taquiza de Chente, siendo estudiante, me volví adicto a los taquitos de carne asada, tripitas y quesadillas, con sus famosas tortillas doradas o semidoradas sobre el carbón; la especialidad de la casa: taquitos de ubre.

En alguna ocasión Chente me comentó: «Joven, ¿así que estás estudiando para ser profesor?, cuando te recibas, te encargo que traigas muchos maestros como clientes».

Había una señora que constantemente, por las noches, acudía a la taquería, padecía de sus facultades mentales; era alta, robusta, cabeza rapada, siempre harapienta. Todos la conocíamos con el mote de «la Pelona». Frecuentaba el lugar, porque casi siempre había un buen samaritano que le ofreciera un taco, entre ellos, su servidor.

A Chente le desagradaba su presencia, consideraba que por su aspecto le ahuyentaba la clientela: la regañaba, le solicitaba que se retirara, no se iba, lo más que lograba era que se mantuviera sobre la banqueta.

Mucha de su clientela visitábamos su negocio por la madrugada, porque, aparte de sus famosos taquitos, clandestinamente, nos vendía cerveza.

Cierta madrugada, junto con un compañero de farra, llegamos a la taquería a cenar, aunque también a surtirnos de cerveza.

Ya saboreábamos de sus ricos taquitos, cuando apareció la Pelona, se colocó junto al asador, como acostumbraba, curiosamente, Chente no la corrió, ni la regañó, tal vez por el horario que ya estaba por cerrar; al contrario, entabló plática con ella: «¿Dónde andabas, Pelona?, tenías varias noches sin venir, me tenías preocupado».

Le contestó: «Estaba en el hospital, estuve muy enferma, me salieron unas ampollas bien feas en la cara y en el cuerpo».

«Pero ya te aliviaste, porque traes tu cara muy limpiecita», le contestó Chente.

«Sí, ya me curaron, me las picaron con unas agujas muy grandes, me salieron chorros y chorros de pus, que llegaban como desde aquí, hasta el taco del señor».

Su expresión corporal, señalándome, me hizo imaginar su comentario, sentí gran indisposición, asco, náuseas, se me crispó la piel. La Pelona me echó a perder mi festejo sabatino.

La pelona de la F, personaje famoso en la colonia Industrial en aquellos años.

EL TÍO TOÑO

Pienso que, en el transcurso de la vida, hemos tenido la experiencia de alguna vez haber escuchado la expresión: «Es un alma de Dios», refiriéndose a personas bondadosas, compasivas, nobles, indulgentes; siempre dispuestos a auxiliar al prójimo.

Esas personas de bondad infinita, de gran corazón, casi siempre resultan ser de origen muy humilde, nacidos en cuna pobre; el tío Toño, sin lugar a dudas, es ejemplo de esos seres designados por Dios.

Él nació, creció y murió en el campo, casi toda su vida la vivió en lo más recóndito de la sierra del estado de Sinaloa, en su entrañable ranchito.

En 1974 tuve la oportunidad de conocerlo físicamente, sabía de él a través de las historias que escuchaba de mis padres. Ellos siempre lo tenían en sus mentes, mi padre y él eran primos, se consideraban hermanos; comprendí, por sus comentarios, la pobreza y sufrimiento que padecieron desde niños, se criaron juntos.

A mi padre y madre jamás los escuché hacer algún comentario ofensivo o negativo hacia mi tío, todo lo contrario, puros halagos expresaban: «Es un hombre íntegro, honesto, trabajador, bondadoso, con un corazón que no le cabe en el pecho, verdaderamente, ES UN ALMA DE DIOS».

La única queja que refería mi padre, bromeando, era: «Toño fue el culpable de que me casara con su mamá, me prestó el caballo y la ayudó a montarse para que me la robara».

El tío Toño les tenía gran respeto, estima y aprecio a mis padres, comentaba: «Víctor y Modesta son personas muy nobles, han ayudado a mucha gente, son personas de respeto».

La expresión común que lo distinguía era que a cualquier familiar, amigo o persona se dirigía con la palabra «hijo» o «hija».

Siempre usó huaraches de cuero o vaqueta, de los llamados «huaraches cruzados», el sombrero fue algo distintivo de él; contaba que jamás usó calzado formal, ni botas, a pesar de ser de rancho y de a caballo.

En la década de los 70, por primera vez, visitó a mis padres en la ciudad de Mexicali y a familiares en la ciudad de Tijuana. En esa época, probablemente, contaría con 65 años de edad.

Su comportamiento era muy caballeroso, atento, amable, respetuoso. Aparentaba una gran seriedad, pero en realidad, era bromista, alegre y prudente; como dicen en Sinaloa, le gustaba contar «tallas», bromas, chistes. Le encantaba escuchar música mexicana, tomarse su *cheve* y su tequilita.

Recién llegado a casa de mis padres, un día lo invité a darse una arregladita en la barbería, también le obsequié unos pantalones y par de camisas, a regañadientes, le compré un par de zapatos, no los aceptaba.

Al dejarlo en casa le comenté: «Tío, mañana lo voy a pasear al centro de la ciudad, quiero que se estrene ropa, también los zapatos, lo necesito bien galán».

El Bar La Mina, en aquellos años, era el lugar más novedoso y moderno para los bohemios, ubicado en el centro de la ciudad; ese lugar visitamos.

Tres hermanos lo acompañábamos. Estaba sorprendido pero divertido, era un lugar distinto a los que acostumbraba, estaba en un ambiente diferente.

Habíamos consumido algunas cervezas, le pregunté: «¿Cómo se siente, la está pasando bien, se divierte, le parece bien el lugar?»

Me contestó: «Sí, hijo, esto está bonito, alegre, la estoy pasando muy bien; pero fíjate que los zapatos me incomodan, mejor me hubiera traído mis huaraches».

«Si le consigo una muchacha que lo acompañe, ¿no cree que le quitará lo inquieto de los zapatos?», «¿Crees que sea buen remedio?». Llamé a una chica, le pedí que lo atendiera.

Parecía niño con juguete nuevo: contento, alegre, divertido; tomándose sus *cheves*, platicando, bailando, pero eso sí, muy respetuoso y decente. En una oportunidad que la chica se ausentó le aconsejé: «Tío, es su chica de la noche, puede tocarla, acariciarla, besarla, hasta puede tocarle los senos». «Hijo, me trata muy bien, ¿no se me enojará o cacheteará si me atrevo a hacerlo?». «Usted háblele bonito, enamórela, dígale cosas románticas, conquístela».

Después de unas cuantas cervezas, se volvió más atrevido: le tomaba las manos, acariciaba su cara, sus piernas; ocasionalmente hasta unos besitos le dio. La chica cumplía con su trabajo.

En un momento, muy emocionado, se atrevió a tocarle los senos, acariciándolos le dijo: «Hija, con estas caricias, me acuerdo mucho de mi rancho, extraño a una vaquita que tengo, que diario ordeño, me da un balde de leche».

Salió muy contento y feliz del lugar, pero, muy preocupado, me comentó: «Hijo, no le vayas a platicar nada a tu papá, porque me da buena regañada y ya no me va a dejar salir contigo».

«No se preocupe, será un secreto entre nosotros». Este suceso no le quitó ser UN ALMA DE DIOS, pero en esta ocasión, cayó en manos de su sobrino: «hijo del averno».

RATERO

Siempre lo he admitido y confieso que el idioma inglés ha sido «el coco» de toda mi vida, añoro aprenderlo, conformándome, aunque sea, en lo más básico, lo he intentado; recién jubilado ingresé a un curso, en el cual permanecí por un trimestre, deserté; no sé si influyó la diferencia de edad con mis compañeros de grupo, jóvenes de 14 a 18 años en promedio, mientras su servidor tocaba los 60, a escaso tiempo de pasar a ser persona de la tercera edad.

Debido a mi deficiente dominio del idioma del inglés, he padecido episodios chuscos y divertidos con mis hermanos americanos; deseo compartirles una de mis tantas aventuras vividas.

Esta historia sucedió en el Casino Cocopah, ubicado en Yuma, Arizona. Mi amigo de toda la vida, Polanco, me acompañaba esa noche. Él es una fina persona, trabajador, honesto, responsable, buen compañero; aunque, dicho con mucho respeto, tiene su fama de ser medio imprudente en ocasiones; todo lo compensa por ser servicial y atento.

Llegamos al casino, durante buen tiempo compartimos unas maquinitas, jugábamos juntos, momentos después, decidió buscar otro espacio en el salón. Era la época en que las maquinitas arrojaban las monedas al tocar la tecla *cash out*. Por todo el casino se encontraban pequeños recipientes que se utilizaban para recoger las monedas.

Esa noche la suerte me favorecía, poco a poco, se me acumuló un crédito de $95 dólares, con el pensamiento avaricioso de todo jugador, consideré no retirarlo hasta completar los $100; sin embargo, la maquinita se puso negativa y comenzó a bajar mi crédito... decidí extraer las monedas cuando contaba con $70 dólares.

Toqué la tecla del *cash out*, empezó la maquinita a arrojar las monedas, eran de 25 centavos. En el espacio que jugaba no encontré recipientes para recogerlas, me retiré por un instante con la intención localizar alguno. Regresé, la maquinita continuaba arrojando monedas, me senté, comencé a recogerlas y depositarlas en el bote... repentinamente, a mis espaldas, un matrimonio, personas mayores, iniciaron con gran escándalo: gritaban, agitaban sus brazos, principalmente la señora, ella no cesaba en su alboroto.

Como no comprendía, ni entendía lo que expresaban en inglés, consideré que me aplaudían y me echaban porras por estar ganando; me emocioné, me puse de pie, levanté los brazos, comencé a gritar al igual que ellos: «Yes, yes, I am winner... I am winner»... era mi mejor inglés

Mi emoción hizo reaccionar con mayor fuerza a la señora, su rostro denotaba rabia, coraje, enfado, gritaba: «The man is stealing, is a thief, is a thief»...

En ese momento estaba rodeado por mucha gente, todos me observaban, la señora me señalaba y no cedía con su escándalo; lógico, empecé a preocuparme, a sentir miedo, ya estaba asustado, no comprendía lo que sucedía, pero era el centro de atención de todo el casino. Me sentía solo, desamparado, buscaba entre la gente ver a mi compañero, en ningún momento se apareció.

Un empleado se acercó a mí, me solicitó que no me retirara del lugar, que informaría al supervisor de sala lo sucedido, él revisaría el asunto. La señora insistía en señalarme.

Se presentó el supervisor del casino, me preguntó si jugaba en la máquina que había arrojado las monedas, contesté afirmativamente.

También me preguntó si hablaba o entendía el inglés, a lo que le respondí negativamente.

Él me explicó que la señora vociferaba diciendo que no era mi dinero, que ella miró que me lo robaba, que era un ratero. Detalladamente, le comenté lo sucedido, aclarándole que la máquina tenía $70 de crédito al vaciarlo.

«Vamos a revisar las cámaras, este joven es un guardia del casino, lo vigilará, es un protocolo de la empresa, por favor, permanezca en su lugar».

El vigilante que me asignaron era un moreno, asumió una postura como el genio de la lámpara de Aladino: cruzó sus brazos, bastante fortachón, impresionante; se mantuvo junto a mi persona, con mucha sobriedad; ni pensar en huir. La señora permanecía a la expectativa.

Se me figuró una eternidad el regreso del supervisor, me informó que cuidadosamente se habían revisado las cámaras, que certificaban que no había cometido ningún delito, me entregaban mis $70 dólares, pedían disculpas por todas las molestias; se dirigió a las personas que me acusaban del delito de robo, dialogó con ellos sobre el problema suscitado, al terminar de informarles, la señora me tomó del brazo, por su expresión, casi llorando, deducía que me pedía perdón, por la acción que había provocado en mi contra. El supervisor me comentó: «Les informé a estos señores que usted era inocente, que no había cometido ningún delito, que era su dinero; pero que, si usted interponía alguna queja por sus señalamientos y ofensas, la empresa no les permitiría su entrada al casino de por vida».

«Joven, por favor, dígales a estas personas que soy mexicano, a mucha honra, que no necesito robar, que mi dinero me lo gano trabajando, que espero que se diviertan, sin ofender a nadie».

Pasado el amargo y angustiante momento, deseaba retirarme, busqué a mi compañero, procedimos a retirarnos. En el carro me comentó: «Creo que alguien obtuvo un buen premio porque se escucharon gritos, mucho escándalo, la gente rodeó al ganador»... «Amigo, era yo, una vieja me acusaba de ratero, hizo un escándalo, todo mundo se arrimó, menos tú que eres tan mitotero, ni te asomaste, ahora que te necesitaba»...

«Sí llegué, pero el montón de gente no me permitió pasar».

MACARRÓN

En su memoria, con respeto a su familia, recordando al entrañable amigo Macarrón.

En julio del año de 1974, mi sueño y obsesión que había crecido en mi mente desde mi niñez y adolescencia se convirtió en realidad: visité Chele, terruño añorado por mi entrañable y adorable madre, cuna de su nacimiento.

Jamás me he arrepentido de haber cumplido la promesa que le hice a mi madre, de conocer su tierra natal, el pueblito me encantó, cautivó mi corazón; valió la pena la espera y el despertar de mi anhelado sueño. Ranchito oculto en lo más recóndito de la sierra del estado de Sinaloa, bañado por impresionantes ríos, cobijado por un hermoso paisaje natural.

Viajar en esos tiempos, en las legendarias trocas llamadas *tropicanas*, significaba vivir una extraordinaria aventura, transitar abruptamente sobre caminos sinuosos, bordeando la agreste ladera de la sierra, contemplar la fiereza de la corriente de agua que arrastraba el río, admirar y escuchar la flora y fauna propia de la región; en conjunto, resultaba todo un espectáculo, te seducía el alma.

Chele, un pueblito rústico, con viviendas sencillas, humildes, construidas con materiales de la región. Sus habitantes, gente de campo: sencillos, sinceros, nobles, trabajadores; sus mujeres alegres, guapas.

En mi visita, tuve la oportunidad de conocer a todo un personaje de la comunidad: EL MACARRÓN, persona de la tercera edad, desconozco su verdadero nombre, tal vez persona iletrada, pero con un talento, genialidad y facilidad para inventar y narrar historietas de su propia autoría, encomiables, verdaderas obras literarias; hurtaré dos, sean ustedes jueces de su genialidad.

La historia del venado

En casa deseaban comer carne, su economía no se los permitía, salió un día con la intención de cazar un venado, cumplir con el deseo de su familia, iba con la bendición de Dios porque llevaba muy poco «parque» (balas), era por la noche, llevaba consigo una bolsita de ciruelas para alimentarse. Por la madrugada, disparó en dos ocasiones, sin conseguir su objetivo, únicamente le quedó una bala; por la mañana, recordó un aguaje, pozo de agua en la sierra, donde los venados bajaban a beber, pensó que sería el lugar estratégico para cazar, se ocultó entre los matorrales, comía ciruelas, esperando la aparición del animal.

El momento llegó, no podía fallar... apuntó... disparó... y falló; el animal se ahuyentó, sin embargo, su necesidad de beber agua lo hizo volver; otra oportunidad, pero sin parque; se le ocurrió la brillante idea de cargar su rifle con los huesos de ciruela, considerando que, si le daba en el centro de la frente, el venado caería... delicadamente, apuntó, disparó... el animal cayó momentáneamente... Macarrón saltó de su escondite, el venado se levantó y huyó.

Macarrón regresó desilusionado a casa. Al paso de un año, caminaba por el lugar, asombrado, platicaba en el pueblo que había visto al venado que hacía tiempo había tumbado con un hueso de ciruela; juró que era el mismo porque de sus astas y cornaduras colgaban racimos de ciruelas; por lógica, el hueso le germinó.

La anécdota de sus perros

Siempre que salía al monte, lo acompañaban sus dos perros, que eran bravos y tercos.

En cierta ocasión, en la sierra se encontraron con un tejón, animal fiero y salvaje. Se enfrascaron en pelea encarnizada, en una oportunidad, el animal huyó, trepó hasta la punta de un árbol seco; los perros lo persiguieron, saltaban sobre el tronco del árbol, queriendo alcanzarlo, el tejón los observaba. La escena continuó por bastante tiempo, Macarrón decidió retirarse del lugar, llamó a sus perros una y otra, varias veces, ellos, tercos sobre el animal.

Se enfadó de insistirles, regresó a casa, comentó con su esposa lo sucedido, con la seguridad de que pronto aparecerían.

Pasó un día, la semana, el mes y nunca regresaron; pensó que algún animal salvaje los había matado. Platicaba que, mucho tiempo después, tuvo la curiosidad de visitar el lugar... «Increíble, insólito pero cierto, allí permanecían los perros y el tejón, eran muy tercos, estaban petrificados, prefirieron morir que ceder en su intención».

MACARRÓN, un genio de la narrativa inventada.

EL SORDOMUDO

En la década de los 60 y 70, durante el receso escolar, en los meses de julio y agosto, se suscitaba un éxodo de maestros normalistas de Baja California y otros estados, con la finalidad de continuar su preparación académica en los cursos de verano, teniendo como destinos principales la Normal Superior de Tepic, Nayarit, la ciudad de Guadalajara, Jalisco, y la capital del país, México; todos con su sueño de superación profesional y una mejor calidad de vida.

En lo particular, junto con un grupo de compañeros, tuvimos la oportunidad de ingresar a la Escuela Normal Superior de Mazatlán, Sinaloa. Éramos cuatro colegas, todos egresados en la generación 1969 – 1973 de la Normal Fronteriza de Mexicali, Baja California.

A principios de julio del año de 1978, arribamos vía terrestre a la famosa Perla del Pacífico, la ciudad de Mazatlán.

Nos hospedamos en un hotel, cuyo nombre escapa a mi memoria, recomendado por ofrecer trato preferencial a estudiantes foráneos, provenientes de otros estados o ciudades; compartimos y convivimos con compañeros de los estados de Sonora, Chihuahua, Durango y otras ciudades del país.

El hotel se ubicaba en un área estratégica para nuestros intereses: cerca del malecón, lugar turístico del puerto, ruta de camiones urbanos que nos trasladaban a la Normal Superior, centros comerciales y de diversión cercanos, además, con un costo muy accesible por nuestro hospedaje.

Teníamos un compañero que se distinguía, sobresalía en el grupo y en el equipo escolar, y que se integró con todos los estudiantes inquilinos, de gran carisma por su carácter: alegre, bromista, pícaro, guasón; su sonrisa siempre a flor de labio era todo un personaje, noble y bonachón, el famoso y entrañable amigo: el Gordo León.

Después de algunas semanas de estudio, cercano al hotel, encontramos un pequeño restaurante «María», nos convertimos en clientes frecuentes, principalmente los fines de semana, que no asistíamos a clases, por su amable atención y sabrosa comida casera.

Un domingo por la mañana, acudimos a desayunar, el lugar se encontraba con bastante clientela, nos ofrecieron la mesa, saboreábamos un rico café en espera de nuestro platillo; se acercó un joven, de un morralito de yute que cargaba, extrajo cuatro bolígrafos, los colocó sobre la mesa, uno para cada quien, con un pequeño *sticker* elegantemente presentado, que expresaba: «Soy sordomudo, apóyame. Cooperación $5.00».

Dejó los bolígrafos, recorrió el local realizando el mismo ejercicio con los demás comensales, mientras, en nuestra mesa, el amigo León colocó 3 monedas de a peso junto a su bolígrafo, momentos después, el joven regresó, con señas nos preguntó si lo íbamos a apoyar; el Gordo lo miró fijamente, le comentó: «Joven, te quiero ayudar, pero nada más traigo esa feria, déjame el bolígrafo en tres pesos».

«NO, CUESTA CINCO», fue una respuesta espontánea, de reacción inmediata.

Todos sorprendidos, el mudo habló, aún no salíamos de nuestro asombro, el joven recogió sus bolígrafos, su rostro denotaba enfado, coraje. Nuestro amigo, con fuerte voz, le expresó: «Espérate, no te los lleves, te los voy a comprar».

La reacción del joven fue colocarlos nuevamente sobre la mesa, el Gordo le pagó sus $ 20.00.

Nuestro compañero dibujó una sonrisa, relamió su rojizo bigote, cubrió su boca con ambas manos, pícaramente expresó: «Reconozcan, soy un genio, hago milagros, hice hablar y escuchar al sordomudo».

Una de nuestras increíbles aventuras.

LA TEJANA DEL CAÑA

El Tío Pepe, cantina emblemática del Centro Histórico de la ciudad de Mexicali, parte de la historia de nuestra cálida ciudad.

Por la época de los años 60, gente del valle de Mexicali, primordialmente agricultores, frecuentaban dos famosísimas cantinas: El Norteño y El Tío Pepe.

La aventura que deseo narrar la vivimos en la cantina del Tío Pepe.

Corría el año de 1976, era un fin de semana, sábado por la noche, junto con dos de mis hermanos y dos primos llegamos a la cantina a continuar la fiesta que hacía horas habíamos iniciado.

A mi primo José todo mundo lo nombrábamos con el seudónimo de «el Caña», era el mayor del grupo.

Él siempre vivió en el campo, era una persona muy trabajadora, humilde, honesto; de verdad, un gran ser humano, muy apreciado y estimado por la gente. Desde niño, sus herramientas de trabajo fueron la pala, el azadón, el hacha, el machete, es decir, siempre dedicado a las labores del campo.

Esa noche transcurrieron varias horas de convivencia, diversión, entretenimiento, risas, bromas, música y las *cheves* bien heladas nunca faltaron.

Pasada la medianoche, como se dice en el argot bohemio, nuestro primo el Caña se quedó bien botado, literalmente, dormido sobre la mesa.

Prácticamente, estábamos en la última ronda de cervezas para retirarnos, cuando apareció un personaje que nunca falta en esos tugurios, el señor de los famosos toques de corriente.

Cuando apareció, entre nosotros hicimos un reto: «El que resista menos voltaje, paga la última ronda de cervezas».

Iniciamos el reto, acordando la participación de mayor a menor en edad.

Mi hermano Noé fue el primero, resistió lo máximo del voltaje; continuamos Ernesto y su servidor, ambos superamos la prueba.

Correspondió el turno a nuestro primo Luis, quien puso sus condiciones al señor de la maquinita diciéndole: «Amigo, aplique poco a poco el voltaje, no lo vaya a soltar de un solo golpe, porque le aterrizo un madrazo». Festejamos divertidos la aclaración del primo.

Comenzó su tormento, resistió, resistió, pero no aguantó lo máximo, en un momento gritó: «Apaga tu fregadera». «Ni modo, primo», le comentamos, «perdiste el reto pagas la ronda». «Ni madre, aún falta el Caña». A él no lo habíamos considerado en el reto, estaba botado, inconsciente.

Nuestro primo insistió: «Me vale, anda entre la bola, debe participar».

Tomamos la decisión de que participara, sin despertarlo, le colocamos los cables de corriente entre sus manos, el señor comenzó a aplicarle el voltaje a su maquinita; vino el proceso, los brazos del primo comenzaron a saltarle, se le arqueaban, su cuerpo se retorcía... usaba un sombrero de palma, con los sobresaltos que le provocaban la corriente, se le cayó... Increíble pero cierto, resistió el máximo del voltaje, quedó todo torcido sobre la mesa, pero no despertó.

Nuestro primo, renegando, incrédulo, pero perdió la apuesta.

Terminado el *show*, mis hermanos auxiliaron al Caña para retirarnos, recogí su sombrero, junto a nuestra mesa estaba un parroquiano, también botado, portaba una hermosa tejana, observé la oportunidad de intercambiársela por el sombrero de mi primo, lo hice. Mi primo salió del Tío Pepe, con tejana muy elegante.

Al día siguiente, que le contamos de aventura, le pregunté: «¿Qué te parece el cambio de sombrero?». «Está a toda madre, jamás pensé en usar tejana».

LUISA, LA DE CHELE

En memoria de tan entrañable y estimada mujer,
con respeto para su familia.

Toda mi vida he presumido que desde muy pequeño escuché y admiré a mi adorable madre, narrándonos sus vivencias y anécdotas de su existencia, de manera fascinante, divertida, seductora; en un instante, nos envolvía en su emotiva narrativa.

Ella nació en el año de 1920, en un ranchito oculto entre la boscosa sierra del estado de Sinaloa, conocido como la Hacienda de Chele. Las historias que nos contaba estaban relacionadas con hechos vividos durante su niñez y adolescencia, en su pueblito natal. Tuvo la experiencia de vivir muy de cerca el periodo posrevolucionario, con el surgimiento de grupos armados en la serranía, nombraba a los cristeros, hombres del monte, los hacendados, personajes reconocidos de esa época, como el famoso Payo.

Ella hablaba con gran sentimiento y nostalgia sobre su querido Chele, lo consideraba como un lugar de ensueño, encantador, con gente humilde, noble y trabajadora; ubicado a las orillas del Río Presidio, con praderas y montes siempre verdes. Emocionada, recordaba los tiempos de lluvia, con la crecida del río, describía su pueblito como una belleza natural.

Esa alegría y emotividad que expresaba al recordar su terruño, desde niño, despertó en mí el deseo de conocerlo, siendo un adolescente, le prometí que en la primera oportunidad visitaría su lugar de origen.

En julio de 1974, siendo mis primeras vacaciones como docente, decidí cumplir con mi promesa, considerando dos objetivos primordiales: visitar su pueblito, aunado al sentimiento de conocer el lugar donde se relacionó con mi padre, se casaron y formaron nuestra familia.

Mi madre se resistía a que me aventurara solo en el viaje, expresándome que no conocía a nadie, que no tendría con quien llegar, me sugería que me esperara para que ella y papá me acompañaran. «Mamá, ya me decidí, conoceré tu ranchito y a mi familia», fue mi respuesta.

Me despidió con mil bendiciones y, muy puntual, con la siguiente recomendación: «Compra tu boleto de Mexicali hasta Rosario, Sinaloa, le solicitas al chofer del camión que te baje en la gasolinera que está a la salida del pueblo, antes de cruzar el Río Baluarte. Al bajarte, toma la calle pavimentada que va hacia el centro de Rosario, en las primeras casitas que encuentres pregunta por la señora "Luisa, la de Chele", es hija de tu tía Manuela, toda la gente la conoce, ella te va a ayudar».

Al llegar, seguí sus indicaciones, por las cosas raras de la vida, tres niñas jugaban en la calle, les pregunté si conocían a la señora Luisa, la de Chele, la niña más grande me contestó: «Soy su hija, me llamo Beatriz, ahorita le hablo».

Conocí a Luisa, me presenté: «Soy Lamberto, hijo de Víctor y Modesta, vengo de Mexicali, quiero llegar a Chele, mi mamá me comentó que usted me ayudaría». Me ofreció comida, lo cual le agradecí, luego sacó dos sillas de madera, tejidas con mecate, las colocó sobre la banqueta, bajo un árbol frondoso, conversábamos amena y alegremente. La observé, por sus facciones y amabilidad, no cabía la menor duda, era hija de mi tía Manuela.

Hubo un momento que se me desapareció, me extrañó, sin embargo, regresó con un bote lleno de mangos. «Espero que te gusten», me comentó.

Me explicó que por su casa pasaban las trocas de pasajeros que iban a las diferentes rancherías de la sierra, también la de Chele. «El chofer es un pariente tuyo, hombre muy vacilón, se llama Alejandro».

Me di cuenta de que cada troca que pasaba frente a su casa, el chofer le pitaba, la gente la saludaba, como mi madre me había comentado: «Todo mundo la conoce».

Conversábamos, de repente, tomó mi veliz, cruzó la calle, le marcó el alto a la *tropicana*, me gritó: «Vente, es la de Chele». Le expresó al chofer: «Es nieto de la Bocha, sobrino de Everardo, no le vayas a cobrar el pasaje, lo llevas con su abuelita».

Recuerdo con claridad que antes de subirme a la troca, me tomó del brazo, sus palabras fueron: «Hijo, cuando vuelvas a Rosario, llega a mi humilde casa, siempre serás bien recibido»

Le agradecí con un fuerte abrazo, prometiéndole que pronto regresaría.

Luisa, la de Chele, hace escasos meses que se nos adelantó en el camino de la vida, pronto nos reencontraremos, disfrutaremos de un balde lleno de mangos. Q. E. P. D.

YOLANDA, LA BOLERA

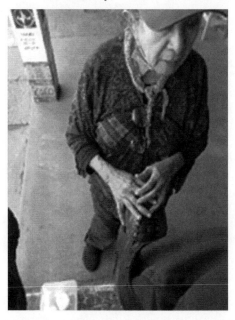

Hace días, con la intención de lustrar mi calzado, visité la zona urbana del Mexicali Antiguo, recordando que, en los años 60 y 70, prácticamente, en cada esquina de la ciudad, existía un puesto para bolear o no faltaba el bolero ambulante que, con su cajón y sillita de madera, prestaba su servicio, ocupando un espacio sobre la vía peatonal.

Recargado sobre el poste del letrero que enmarca la unión de las calles Morelos y Lerdo de Tejada, la añoranza y emoción invadieron mi mente; gratos y apasionantes recuerdos de aventuras que compartí con amigos en este barrio, en los años mozos de mi juventud.

Superado mi momento nostálgico, caminé por la avenida Lerdo hacia donde recordaba se encontraba una bolería. El puesto estaba cerrado, un joven con aspecto de *tecolín* (vago, ratero, drogadicto) me comentó: «El responsable aún no ha llegado, es medio flojonazo, no se levanta hasta que el gallo mudo canta. Imagínese a qué hora va a llegar»

Le pregunté si conocía algún otro puesto para bolear, me informó que, al término de la cuadra, doblara a la derecha, que a unos metros encontraría a una señora que diario chambeaba.

Seguí su indicación, recorrí la avenida Lerdo, hasta llegar a la calle Altamirano, doblé a la derecha, tenía razón el joven, a media cuadra localicé a la doñita, que en ese momento atendía a un cliente; me ofreció una silla para que esperara mi turno. Minutos después me dijo: «Joven, usted sigue».

Me impresionó su aspecto: persona mayor, pero se observaba fuerte, jovial, amable; me atreví a preguntarle su edad: «80 años», me respondió inmediatamente.

«¿Y boleando?», pregunté. «En este local, 30 años, pero antes anduve 5 años haciéndolo en la calle, junto con un hermano, él me enseñó», me contestó.

Le pregunté si alguna vez había utilizado el cajón y sillita de madera para bolear, a lo que respondió: «Joven, aún los conservo y los uso, muchos clientes me llevan su calzado a casa para que se los lustre».

«¿Nació en Mexicali?». Intrigada, me miró fijamente, me preguntó: «¿Joven, es periodista?». Respondiéndole que no, añadió: «Yo creo que sí, pues me fotografió y me ha hecho muchas preguntas».

«Usted me dio permiso de tomarle la foto, creo que la gente debe conocer su historia, por ser un ejemplo de vida y de trabajo».

Considero que mi respuesta le ofreció confianza, porque, con serenidad, me contó parte de su historia.

Nació en Tepic, Nayarit, su verdadero nombre es Angelina, por razones no aclaradas, cambió su identidad por Yolanda, por su trabajo, todos la identifican como «Yolanda, la bolera». Desde muy joven buscó el sueño americano, logrando trabajar por algún tiempo en la cosecha de la fresa.

Su patrón fue un chino, dice que era racista, la despidió porque la observó comerse algunas fresas de las cosechadas.

Vivió en unión libre, sin embargo, su pareja la abandonó con su hija recién nacida, por quien ha luchado toda su vida. Trabajó en casas, tiendas, fábricas; de mesera en restaurantes, hasta tomar la profesión de bolera, como ella lo llama, y establecer su propio negocio.

Dice sentirse muy orgullosa de su trabajo, porque es un oficio que le ha permitido ayudar a su hija y salir adelante; además, ha tenido la satisfacción de conocer personajes de la política, grandes empresarios, artistas y deportistas reconocidos.

Junto al área de su puesto, se observan «chicas» ejerciendo el más viejo oficio de la humanidad, también deambulan malvivientes, drogadictos, *tecolines*, como ella los menciona; todos la conocen, saludan y respetan. Comenta que clientes, con el pretexto de bolearse, van en busca de diversión, solicitándole que les recomiende alguna de las chicas galantes, dice conocerlas a todas.

Terminado su trabajo, me dijo que le debía $40, le pagué con un billete de $100, expresándole que se quedara con el cambio, que lo hacía porque admiraba su esfuerzo y entrega por su trabajo, además de que me había conquistado, porque en todo momento me llamó JOVEN.

La doñita me sonrió, expresó: «Gracias, joven, vuelva pronto».

Yolanda, la bolera, 80 años... ejemplo de vida y trabajo.

CAPÍTULO 5

SUCESOS

LA CRUZ DE HIERRO

«LA SIEMPRE VIVA», mi madre, a 5 años de su partida... siempre vivirás en nuestros corazones.

Doña Mode tenía un «don especial» para contarnos historias y anécdotas de sus vivencias; nos embelesaba con su narrativa: amena, simpática y divertida; las disfruté siendo un niño, contadas a la luz de las lámparas de bombillo o linternas de petróleo, en mi entrañable ranchito.

Compartiré una en especial, que la escuchaba cuantas veces la contara.

Decía que, en cierta ocasión, acompañó a su abuelito, su mamá y una tía al monte, a la sierra, a recoger nanchis, fruta típica de esa región de Sinaloa. Consideraba que tenía entre 11 o 12 años de edad.

Salieron del ranchito, en una carreta jalada por un burrito.

Después de un buen rato de caminar, encontraron árboles de nanchis, con mucho fruto tirado en el suelo. Cada uno tomó su canastita por separado y comenzaron a recogerlas.

Su rebozo le incomodaba para recoger el fruto, buscó dónde colocarlo, iba a colgarlo sobre una rama, pero junto a ella, observó una CRUZ DE HIERRO GRANDE; de manera natural, sin tomarle mayor importancia, su rebozo colgó y continuó con su tarea.

Pasado algún tiempo, se buscaron, se reunieron y emprendieron el regreso.

Habían avanzado parte del camino cuando recordó su rebozo: «Abuelito, abuelito, olvidé mi rebozo». «¿Sabes dónde lo dejaste?». «Sí, en la CRUZ DE HIERRO», saltó de la carreta y corrió a buscarlo.

«¡Déjalo! ¡Regrésate! ¡Vámonos, haz caso!» Le gritaba angustiada su familia, no se detuvo, corrió hasta el lugar, ya no encontró la cruz, su rebozo se hallaba en el suelo... la CRUZ DE HIERRO había desaparecido.

Comentaba que sintió extrañeza, se le hizo raro, pero no sintió ningún temor.

Ella pensaba que su familia y la gente del rancho, principalmente los adultos, alguna historia conocían de su vivencia, pero siempre se la ocultaron.

«La siempre viva» y sus historias.

LA LLAMARADA

Sucedió en la década de los 50, en ese entonces era un chiquillo de 7 u 8 años, etapa de la inocencia, ingenuidad, sin malicia alguna.

En mi ranchito, como cariñosamente lo recuerdo, cada ejidatario contaba con una hectárea de terreno, donde afincaban su casa. Por esos tiempos vivía una familia por lote, en algunos casos existían dos o tres casitas construidas en el mismo terreno.

En esa ocasión, llegó un circo, instaló sus carpas en el campo de béisbol, que se ubicaba en el centro del pobladito.

El circo utilizaba su planta de gasolina para producir la luz, ya que el ejido adolecía de energía eléctrica, alumbrábamos nuestras casas con lámparas de bombillo y linternas de petróleo.

Esa tarde, se encontraba de visita en casa «el Guacho», sobrenombre del trabajador de mi papá; disfrutaban de un rico café. Él era vecino, vivía en el lote contiguo al nuestro; curiosamente, un sauce, árbol con tronco muy grueso, marcaba el límite de ambos terrenos, se encontraba a la orilla del camino.

El circo, a través de aquellas bocinas antiguas de lámina, anunciaba desde temprano el horario de su función.

Llegando la hora de que iniciara la función, mi padre nos dio dinero para la entrada al circo, a un hermano y a mí, él poco mayor que su servidor.

Apenas salimos a la calle, nos alcanzó su trabajador, nos pidió que fuéramos por sus hijos para que nos acompañaran; «Aquí los espero», nos dijo. Estaba ya oscuro, la noche había caído.

Mi hermano y yo corrimos hacia su casa, pero, repentinamente, junto al árbol, apareció una llamarada, probablemente, alcanzó los dos o tres metros de altura; ambos nos sorprendimos, nos detuvimos, regresamos hasta con el Guacho, que nos esperaba a mitad de la calle. Extrañado, nos preguntó qué había pasado, le contamos que de repente se prendió una llamarada, una lumbre junto al sauce, nos asustamos, también le tocó observarla, la llamarada seguía encendida.

Comenzamos a caminar los tres hacia la lumbrada, entre más nos acercábamos, la lumbre disminuía; faltándonos escasos 10 metros por llegar, desapareció totalmente. Llegamos hasta el lugar exacto, no había indicios de ningún tipo, ni brasas ni cenizas que indicaran que había existido una lumbrada.

Él nos esperó en el sauce, fuimos por sus hijos; corrimos al circo, sin ninguna preocupación, al fin niños, terminada la función, llegamos a casa, el señor recogió a sus hijos; no hubo ningún comentario de nuestros padres sobre lo sucedido. A dormir tranquilos.

Reza el refrán: «Pueblo chico, mitote grande».

Al día siguiente, muy temprano, nos levantó nuestro padre, nos llevó hasta el árbol, bastantes personas de la comunidad escarbaban con pico y pala en el área donde supuestamente habíamos visto la lumbrada, nos dijo papá: «Señalen exactamente dónde miraron la llamarada anoche», «Donde están escarbando», contestamos. Nos pidió que nos retiráramos del lugar, no me enteré lo que pasó después, la gente siguió escarbando.

Recuerdo haber escuchado que una señora, que en el ejido la señalaban como «bruja», había llegado al lugar, a todos les advirtió: «Si continúan escarbando, van a encontrar un esqueleto, debajo de él, habrá dinero, pero será dinero maldito, caerá maldición sobre sus familias».

Curiosamente, 30 o 40 años después, un grupo de jóvenes de la comunidad, observaron un fenómeno similar, en el mismo lugar.

Personas interesadas en este tipo de fenómenos han solicitado permiso para investigar en el lugar, llevando aparatos como detector de metales, no han obtenido resultado alguno.

Este tipo de sucesos pueden resultar incrédulos, inventados, si la cuenta una persona, pero en nuestro caso, éramos tres y, entre nosotros, una persona mayor.

¿Suceso paranormal? ¿Usted qué piensa?

YO LOS BENDIGO, DIOS LOS SALVÓ

Era el último domingo del periodo vacacional de Semana Santa del año de 1975, nos preparábamos para regresar al Puerto de San Felipe a reanudar nuestras actividades escolares. Mis entrañables compañeros el Gordo León, el Monchi y yo hacíamos equipo de carro para viajar cada semana; compartíamos casa en el Puerto, tuvimos un ciclo escolar de gran hermandad.

El Gordo tenía un carro precioso, un Chevrolet Custom 1966, un clásico en esta época, en el viajamos ese día. Mi amigo tenía conocimiento sobre mecánica automotriz, lo conservaba en excelentes condiciones. Era un verdadero cafre del volante, le atraía la velocidad, pero, reconozco, muy buen piloto.

En esa ocasión, otro compañero de escuela nos solicitó la oportunidad de viajar con nosotros, acompañado por su esposa e hijo pequeño; no tuvimos ningún inconveniente.

Siempre, al salir de la ciudad, cargábamos gasolina en una estación que se encontraba en el entronque de la carretera a San Felipe y San Luis, frente al monumento a Sánchez Taboada; ya no existe. También acostumbrábamos a comprar cerveza para el camino, tal vez por respeto al matrimonio que nos acompañaba, hicimos una excepción.

Todo el camino había transcurrido con tranquilidad, cruzamos la Laguna Salada, viajábamos a una velocidad de consideración, como era costumbre de nuestro compañero. Aproximadamente, a unos dos kilómetros antes de llegar a un lugar conocido como La Ventana, podemos decir un área de descanso entre la ciudad de Mexicali y San Felipe, en medio desierto, repentinamente, ¡oh, santo Dios! Se escuchó tremendo estruendo, el carro se cimbró, se le descontroló un poco a nuestro amigo; sin embargo, no lo frenó bruscamente, lo hizo pausado, sereno, recorrió a baja velocidad algunos 100 metros, hasta orillarse en la carretera.

Todos nos preguntábamos qué había pasado, creíamos que alguna llanta se había reventado, el compañero consideraba que se había soltado el escape, que lo traía arrastrando. Nos bajamos a revisar, gran sorpresa nos llevamos, no era llanta reventada, no era escape suelto, increíble pero cierto, era el tanque de gasolina al que se le había roto uno de los cinchos que lo sostenía, estaba lleno y se arrastró por aproximadamente 100 metros.

«Es un milagro de Dios que no haya explotado, el tanque goteaba gasolina, era lo más lógico que debiera haber sucedido», todos coincidimos en ese pensamiento.

En aquellos años era escaso el tráfico que circulaba por esa carretera, de las cosas raras que tiene la vida, pasó un carro, se detuvo a preguntar qué había sucedido y ofrecernos su auxilio; detalladamente, le platicamos sobre el incidente, nos expresó: «Gracias a Dios están vivos, esto es un milagro».

Se presentó, no recuerdo su nombre, pero resultó ser el párroco de la iglesia del Puerto San Felipe, esa tarde oficiaría misa, por lo que comentó que se retiraría, ofreciéndonos el auxilio que podría brindarnos.

Nos facilitó un galón de plástico y un trozo de manguera, también nos auxilió dando *raite* al matrimonio y su hijo que viajaban con nosotros. Cuando se despedía, le solicité un favor: «Padre, antes de retirarse, échenos la bendición, para llegar con bien hasta el Puerto».

Imposible olvidar sus palabras, que con gran espiritualidad nos expresó: «Yo los bendigo, Dios los salvó».

Con los conocimientos sobre mecánica de nuestro compañero, vivimos toda una odisea para llegar al Puerto, pero creo que, con la bendición recibida, felizmente arribamos a nuestro destino.

«Yo los bendigo, Dios los salvó», vivencia para el recuerdo.

VISITA DE ULTRATUMBA

Mi madre este día cumpliría 101 años, hoy deseo recordarla con una de sus últimas vivencias, de las muchas que nos compartió.

Cuando falleció mi padre, junto con mis hermanos, organizamos un rol de guardias, con el fin de auxiliar a mi hermana Eva en el cuidado, atención y compañía de nuestra madre. Conformamos una familia muy numerosa y muy unida entre sí, herencia de la educación de nuestros padres; tal vez con ideales y formas diferentes de actuar, pero sentimentalmente siempre juntos.

El compromiso general establecido fue que siempre estuviera acompañada en casa, convivir con ella, atenderla, mimarla; tuvimos la fortuna de contar con el apoyo incondicional de nuestras cónyuges en tan noble tarea; es menester aclarar que ella se mantenía saludable, fuerte, consciente, únicamente que, por su propia edad, repentinamente dejó de caminar, se movía en silla de ruedas.

Algunos de mis hermanos, por problemas diversos, contrataron una persona para que les cubriera su tiempo de responsabilidad; Consuelo, una enfermera jubilada, resultó ser la elegida que, al pasar de los años, se convirtió en un miembro más de la familia.

Compramos una cama de hospital con la finalidad de facilitar la atención a nuestra madre, se colocó junto a la ventana de su recámara, donde ella pudiera observar todo el movimiento del exterior; perfectamente se daba cuenta de quién llegaba y quién salía, porque, afortunadamente, su mente siempre la conservó brillante, admirable.

En el rol de guardias, los martes de ocho de la mañana a dos de la tarde me correspondía estar en su casa, siempre acompañado por mi esposa, quien la consentía preparándole sus comidas favoritas; mi hermano Luis y su esposa nos remplazaban por las tardes. Los jueves tenía la responsabilidad de dormir en su casa.

Recuerdo que el día del suceso, precisamente, era jueves por la tarde, tal vez las 4:00 p. m., transitaba por su domicilio, llegué a visitarla.

Me causó extrañeza que, al ingresar a la sala, la puerta de entrada no estuviera con llave, porque era una de las reglas establecidas, pensé: «Salió Consuelo, olvidó cerrarla con llave», ella era la que cubría los jueves a uno de mis hermanos.

En casa de mi madre viven una hermana, su hijo y su nuera, aunque ese matrimonio, literalmente, ha vivido en un mundo aparte, encerrados siempre en su recámara, aunque su cuarto estaba contiguo al de nuestra madre, jamás se enteraban absolutamente de nada.

Intranquilo por encontrar la puerta abierta, llegué hasta con mi madre, la encontré sentadita junto a la ventana, le pregunté cómo estaba, me dijo que bien, que me había visto al momento de entrar.

Le pregunté por la enfermera, me comentó que hacía rato que se había marchado, que le había pedido permiso a mi hermano para retirarse más temprano de lo acostumbrado. «¿Se fue Consuelo, te has pasado toda la tarde sola?». La pregunta era con la intención de darme cuenta de si su nieto y su esposa se preocupaban si quedaba sin compañía.

Me contestó: «Fíjate que no, aquí estuvo conmigo mucho rato la Fina, platicamos muy a gusto, teníamos muchísimos años sin vernos, nos abrazamos, hasta lloramos de la alegría de volvernos a encontrar; casi te tocaba saludarla, me prometió volver cualquier día».

Más intrigado e inquieto quedé con su comentario, me retiré a la sala, inmediatamente tomé el celular, me comuniqué con la enfermera: «Consuelo, cuando se retiró, ¿cerró con llave la puerta de la sala?». «Claro que sí, profesor, inclusive le avisé a Karina (esposa del sobrino) que me retiraba, que dejaba la sala con llave, que estuviera al pendiente de su mamá porque se iba a quedar sola».

Su respuesta hizo crecer mi expectación sobre lo platicado por mamá, toqué la puerta de la sobrina, le pregunté si la enfermera le avisó cuando se retiró, si le había comentado que dejaría la puerta de la sala con llave... su contestación fue afirmativa.

«¿No te diste cuenta de si alguien visitó a mi madre después de ausentarse la enfermera?». «Escuché que platicaba con alguien».

«¿Por dónde entró esa persona?». «La verdad no me di cuenta». «¿Tú la viste?». «Sí, porque me tocó la puerta para pedirme permiso para salir por mi recámara, por aquí salió».

Con sus respuestas quedé perplejo, vacilante, demasiado intrigado, la sobrina jamás conoció a la persona que mi madre mencionó; ella era una muchacha del ejido en que nacimos, conocía a mis padres desde niña, era una mujer emprendedora, trabajadora, luchona, muy noble, tenía en alta estima y aprecio a mi madre, su cariño era mutuo; sin embargo, cuando la vivencia de mi madre, ella probablemente tendría cinco o seis años que había sufrido una muerte trágica, la asesinaron en su casita del rancho.

Mi intrigante duda: ¿será que la entrañable amiga de mi madre la visitó de ultratumba?

COLGUÉ LOS TENIS

Conservo una fotografía de mi infancia, creo que es la única que se encuentra en el álbum familiar, lo hago con enorme aprecio y cariño porque conjuga y sintetiza sentimientos nostálgicos y emotivos de mi persona, con recuerdos inolvidables y sublimes de mi niñez.

La fotografía en mención preserva una historia interesante de mi existencia.

Me fue tomada en un día especial, porque estrenaba ropa, pantalón y camisa; en mis brazos sostenía un puerquito que era producto de un hecho insólito, parto asombroso de dieciocho animalitos que poco tiempo antes había parido una puerca. En la misma foto, a mis espaldas, se observa una siembra de maíz blanco, símbolo ineludible, con orgullo lo digo, de mi crianza en rancho.

Lo nostálgico, emocional y sentimental es estar luciendo ropa nueva, pero con los pies «al aire», descalzo, éramos pobres, pero un par de zapatos sí conservábamos, sin embargo, la foto muestra la esencia de nuestra niñez, la costumbre y felicidad era caminar con «las patas a *raiz*».

En la época de mi infancia, y parte de mi adolescencia, jamás usé tenis, no eran de mi agrado, por obligación en la escuela secundaria –en la materia de Educación Física lo exigían– comencé a usarlos. Los tiempos cambian, curiosamente, hoy, en mi senectud, son mi calzado favorito.

En vacaciones de Semana Santa del año de 1975, junto con un entrañable amigo, tuvimos la necesidad de hacer un viaje a la Ciudad de México, de carácter laboral, lo haríamos vía terrestre, sabiendo que sería largo el camino, de muchas horas, días inclusive, para comodidad del viaje, decidí, por primera vez, comprarme un par de tenis, recuerdo que eran blancos.

Eran viajes largos, tediosos, cansados, las empresas camioneras tenían terminal en cada ciudad que recorrían; subían y bajaban pasaje en cada una de ellas. En ocasiones, los autobuses carecían de servicios primordiales, refrigeración y sanitarios; algunas terminales se encontraban descuidadas, sucias, sin servicios básicos funcionando, recibiendo tanta gente, los baños llegaban al grado de la asquerosidad. En esa ocasión, habíamos salido de la ciudad de Mexicali, al llegar a la ciudad de Obregón, sentí ligero malestar de mi necesidad fisiológica, al ingresar a los sanitarios, los observé realmente asquerosos, decidí soportar un poco más mi problema estomacal.

Continuamos el camino, los primeros rayos del sol anunciaban nuestro próximo arribo a la ciudad de Navojoa, Sonora, sentía que mi organismo explotaba; deteniéndose el camión, literalmente, volé hacia los sanitarios. ¡Dios Mío!, cuadro más horripilante, asqueroso y repugnante no había visto en mi vida, las tazas de los sanitarios estaban repletas de desecho orgánico; no tenía alternativa, imposible continuar aguantando mi necesidad, al fin de rancho, adopté la posición de «aguilita», coloqué los pies sobre la orilla de la taza del baño, descargué toda mi desesperación contenida... qué alivio, volví a la vida.

Feliz, contento, satisfecho y liberado de mi tormento de horas, procedí a asear mi sensual trasero, sin embargo, cometí un atroz error, no me bajé de la taza, con un pequeño movimiento perdí el equilibrio, mi pie derecho lo sumergí en la suciedad; vomitando, por lo nauseabundo, me despojé de mi tenis, con un pedazo de cartón le arranqué todo el desecho humano, utilizando el calcetín como estropajo intenté lavarlo completamente; lo usé para acudir a un puesto cercano, donde afortunadamente compré unas chanclas.

El olor desagradable se percibía, pensé que, si lo usaba, seguramente el aroma invadiría el ambiente del camión, decidí deshacerme de ellos; consciente de que eran nuevos, con escasas horas de uso y con la intención de que alguien se beneficiara, a la vista del público, sobre la rama de un árbol, COLGUÉ LOS TENIS.

A PUNTO DE MORIR

ESTOY ATRAPADO EN EL INSOMNIO, para mitigarlo, les contaré una de mis vivencias.

Esta historia aconteció a mediados de enero de 1974.

Mi compañero Sergio y su servidor compartíamos la casita del maestro, en la Primaria 13 de diciembre, ubicada en la comunidad del Ejido Eréndira, municipio de Ensenada, B.C.

La casita contaba con tres cuartos: uno se utilizaba como almacén escolar, el de en medio como cocina y nuestra recámara, que estaba equipada con dos camas individuales y una mesita con una lámpara de bombillo. La luz eléctrica la recibíamos de las 12:00 p. m. a las 12:00 a. m.

Jóvenes del poblado tenían un conjunto musical, a los que facilitábamos el espacio de la casita para sus ensayos. Nació una gran amistad con el grupo. Para la fecha indicada, organizamos una carne asada con los integrantes del grupo musical y amistades de la localidad, como bienvenida al año nuevo. Esa tarde-noche colocamos el asador en el tejaban de la casita, sin embargo, las condiciones climatológicas, frío y mucha neblina nos obligaron a colocar el asador en la cocina.

Asamos la carne, la disfrutamos; el ambiente se tornó bohemio: guitarra, cerveza, licor. El convivio se extendió hasta por la madrugada. Al retirarse los invitados, el carbón aún se conservaba «vivo», colocamos sobre el asador un balde y una olla llenos de agua, considerando que se evaporaría y se consumiría el carbón, nos acostamos a dormir muy tranquilos.

Tal vez habrían pasado dos horas, serían las 3:30 o 4:00 de la madrugada, mi compañero me comentó: «Siento un fuerte dolor de cabeza». «También yo», le contesté, «intentemos dormir otro rato». Transcurrieron 10 o 15 minutos, mi compañero se incorporó sobre la cama, dijo: «Siento que la cabeza me va a explotar», intentó ponerse de pie, cayó al suelo, hice lo mismo, también me desvanecí.

«Nos estamos intoxicando», comentó con voz angustiada, no logró levantarse, comenzó a arrastrarse hacia la puerta, débilmente pidió auxilio. Tirado sobre el suelo, con gran esfuerzo, asumí la postura de «gatear», avancé hacia la pared, apoyándome en ella, logré ponerme de pie, busqué la puerta, la abrí, salí al exterior con la intención de solicitar auxilio, sin embargo, sentía gran debilidad; apoyándome nuevamente sobre la pared, regresé al interior de la casa, según yo intenté cerrarla, pero... YA NO SUPE DE MÍ, QUEDÉ INCONSCIENTE. Cuando desperté, estaba sobre el piso, tenía la cabeza recargada en la pared interior, mis pies al exterior de la puerta; cuánto tiempo permanecí sin sentido, ni idea, lo que es cierto es que los primeros rayos de sol se asomaban.

Recobrado el conocimiento, observé a mi compañero, junto a la otra puerta semiabierta, inmóvil, bocabajo; angustiado, me acerqué, le hablé, gracias a Dios, reaccionó, nos acostamos en nuestras camas, ambos comenzamos a vomitar.

Aproximadamente a las siete de la mañana, llegó un amigo, preocupado porque observó las puertas abiertas; quedó impactado con la escena que presentaba nuestro cuarto.

Le contamos lo sucedido, inmediatamente acudió por auxilio médico, HABÍAMOS INHALADO EL BIÓXIDO DE CARBONO, SUFRIMOS UNA INTOXICACIÓN SEVERA. Dios estuvo con nosotros, milagrosamente abrimos las puertas.

Pueblo chico, mitote grande, toda la comunidad se enteró, la gente comentaba:

«LOS PROFES ESTUVIERON A PUNTO DE MORIR».

SAN JORGE BENDITO

En memoria de mi entrañable y adorada madre,
a siete años de su partida a su vida celestial.

Mi inolvidable madre, durante toda su vida, fue una ferviente devota de su religión católica, desde pequeños nos inculcó su fe espiritual; recuerdo con respeto su hermoso altar, ubicado en un rinconcito de nuestro humilde hogar, dedicado a su imagen idolatrada de la Virgen de Guadalupe. Ese pequeño espacio místico, envuelto siempre con la fragancia de las flores frescas del campo, iluminado a la luz de las veladoras de vidrio que, al término de su función, formaban parte de su losa doméstica.

Era tanta su fe que jamás en su vida se retiraba a descansar por las noches sin antes postrarse ante su altar y elevar una oración por la bendición de un nuevo día, con mis hermanos, guiados por su rezo, cumplíamos también con su acto espiritual.

En aquellos años, década de los 50, había un camión de pasajeros que diariamente hacía recorrido por diversas comunidades rurales, para trasladar a las personas a la ciudad; por el ranchito pasaba a las siete de la mañana, por la tarde regresaba a las cuatro.

En ocasiones, de su recorrido matutino llegaban comerciantes a ofrecer su mercancía; durante el día recorrían el pobladito casa por casa, por la tarde, abordaban el camión de regreso a la ciudad.

Recuerdo la ocasión en que un vendedor llegó a casa, ofreciendo artículos principalmente para costura, mi madre, afortunada, contaba con su máquina de coser Singer, un privilegio para esa época, motivo por el que adquirió buena cantidad de mercancía. Entre la vendimia que le ofrecían, observó un cuadro con la imagen de un santo, el mercader le explicó que se trataba de un santo milagroso, protector sobre los animales ponzoñosos y venenosos, conocido como San Jorge Bendito.

El ranchito, en esos años, aún se encontraba enmontado, lo cual representaba refugio para bichos y animales, casualmente, días antes, uno de mis hermanos mayores había encontrado una víbora de cascabel en el interior de la casa; eran tiempos en que dormíamos tranquilamente con las puertas abiertas.

Con la experiencia vivida en días anteriores, fiel a su fe, adquirió el cuadro. Por indicaciones del comerciante, colocó la imagen en el marco de la puerta de entrada, para que el santo no permitiera el paso de los bichos y alimañas, pero, antes de acostarse, habría que rezar la oración que se expresaba en el cuadro.

No recuerdo con exactitud el rezo, pero la primera noche, ella, con su gran devoción, nos condujo con su oración: «San Jorge Bendito, amarra tus animalitos con tu cordón bendito, para que no nos piquen los animalitos, ni a mí, ni a mis hermanitos».

Después del rezo, nos comentó que, a partir de esa noche, todos dormiríamos más tranquilos porque San Jorge Bendito velaría nuestro sueño.

A la mañana siguiente, sorpresa inesperada, algo jamás sucedido en casa, uno de mis hermanos amaneció con una de sus orejas totalmente adolorida, enrojecida, inflamada; con la plena seguridad de que algún bicho le había picado por la noche.

Con ingenuidad e inocencia, le comenté: «Mamá, San Jorge Bendito anoche no cuidó a mi hermanito».

Con su inquebrantable fe y devoción espiritual me respondió: «Él aún no puede hacer milagros porque no ha sido bendecido, cuando vaya al pueblo (ciudad) lo llevaré a la iglesia para que el cura lo rocíe con agua bendita».

MI MADRE con sus inolvidables recuerdos.

CAPÍTULO 6

MOMENTOS NOSTÁLGICOS

MALA YERBA NUNCA MUERE

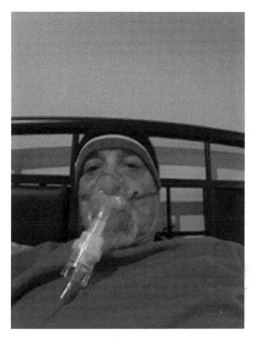

A principios de enero del año 2001, iniciamos una gira de trabajo y presentación oficial por todo el estado de Baja California, del reciente electo Comité Ejecutivo Seccional de la Sección 2 del SNTE, misma que duró tres días.

Desde la primera noche de nuestro recorrido, al momento de cumplir con mis «necesidades fisiológicas», todo resultó normal, sin embargo, observé cierta rareza y un olor desagradable en mi desecho orgánico, un color demasiado oscuro fuera de lo común.

Durante los tres días se repitió el mismo cuadro a la hora de mis necesidades, no le tomé importancia, porque no me provocaba físicamente ningún malestar.

El ser un ciudadano cumplido lo heredé de mi entrañable padre, al día siguiente de finalizada la gira de trabajo, a cumplir con mis obligaciones y contribuciones al gobierno: pago de predial, placas, agua, etc.

Me encontraba haciendo fila en las oficinas del gobierno, pagaría las placas, repentinamente, sentí como si todo se moviera, mis piernas flaquearon, pensé «Está temblando», salí de la fila, me apoyé sobre un mostrador, consideré que seguía temblando, pero también observaba que la gente no se inmutaba, estaba tranquila.

Empecé a sudar copiosamente, sintiéndome débil, sentía que me desvanecía; opté por salirme, avancé hacia mi camioneta; desconozco el motivo, pero en vez de dirigirme a casa, me trasladé a la empresa de ADES; traspasando las puertas de sus oficinas, de emergencia, literalmente, corrí hacia los sanitarios, mal me había sentado en la taza del baño, se me vino tremenda diarrea, complementada con vómito, en ambos casos, sangre, sangre, vil sangre.

Pasado el mal momento, al lavarme la cara y observarme al espejo, mi color de piel era de un tono amarillo pálido, transparente, como el de un difunto. Salí de las oficinas, nadie había notado mi presencia, tenía gran debilidad, caminaba apoyándome sobre la pared, logré llegar hasta mi auto, juro y perjuro que, desde ese instante, el tiempo y espacio que recorrí hasta mi casa lo tengo perdido en mi memoria, inclusive, no recuerdo el momento en que ingresé a mi hogar.

No sé si permanecí inconsciente algún tiempo en cama, recuerdo haber tomado el teléfono, comunicarme con mi gran amigo, el doctor Teófilo, gracias a Dios, contestó a la primera llamada, le conté todo lo sucedido, considerando lo de los días anteriores.

Me indicó que inmediatamente me trasladara a su clínica, le comenté que nadie me acompañaba en casa, consideraba no poder manejar... «Si quieres vivir, vente», fue su respuesta. Saqué fuerzas de flaqueza, aunque parezca mentira, nuevamente, el tiempo y espacio recorrido hasta la clínica no existe en mi memoria.

Al llegar, el doctor Tito y un enfermero me auxiliaron a descender de la camioneta, creo que desde ese momento perdí el conocimiento, no tengo idea de cuántas horas transcurrieron, pero desperté en la sala de operaciones, distinguí al doctor Alzúa, reconocido gastroenterólogo de la ciudad, quien me expresó: «No se preocupe, profesor, todo saldrá bien».

Desperté en un cuarto de la clínica, mi amigo, el doctor Tito, estaba a mi lado, mi esposa a mis pies, observándome con una sonrisa. El doctor tocó mi pierna, me preguntó: «¿Cómo te sientes?»

«Bien», fue mi respuesta.

«Mira, cabrón», dijo mi amigo, «no cabe duda de que mala yerba, nunca muere, estás vivo de milagro». Me explicó: «Todos esos días que notaste rarezas en tu desecho era sangre, te desangraste; cuando evacuaste y vomitaste se había reventado una úlcera, el doctor Alzúa te practicó una endoscopia, te la cauterizó; en la clínica, inmediatamente, te aplicaron cuatro unidades de sangre y suero, venías totalmente desangrado y deshidratado, una hora más y no vivirías para contarlo».

Agradecido con Dios, por otra ocasión en que me libra de las garras del más allá; será cuando el Creador lo decida.

Expresó mi amigo: «Mala yerba nunca muere», continuamos dando lata.

MI MADRE EN SU LECHO DE MUERTE

Era jueves 23 de abril del año 2015, compartía con un grupo de amigos un desayuno tradicional de toda una vida, cuando sonó mi celular, era mi hermana mayor, para informarme que nuestra madre se había puesto grave; inmediatamente, salí del restaurante, me trasladé a casa de mis padres. Al llegar, me recibió Consuelo, una enfermera de profesión, que desde años atrás nos auxiliaba con el cuidado de ella, me dijo: «Profesor, su mamá se encuentra en agonía».

Entré hasta su recámara, observé su estado de salud, ciertamente, estaba en agonía, mi hermana me tomó del brazo, me comentó que ya habían llamado a una ambulancia, que venía en camino.

Con dolor en mi corazón y en mi conciencia, le expresé que deberíamos permitirle morir en casa, con su familia, como era su deseo.

Llegó la ambulancia, creo que me faltó valor para dejarla en casa, como había sido mi pensamiento; la acompañé en su traslado.

Después de más de una hora de haber sido recibida en la clínica, me llamó el médico responsable, me informó que su estado de salud era sumamente grave, por lo tanto, resultaba muy complicada su atención médica; le comenté: «Doctor, dejo en sus manos lo que médicamente se pueda y deba hacer, que Dios nos ayude y bendiga». Firmé un documento de responsiva y aceptación para su atención.

Cerca de la medianoche, nos informaron que había salido del quirófano, que ya se encontraba en piso. Me permitieron pasar a visitarla, Dios mío, observé el cuadro más triste, desolador, angustiante, que jamás hubiera querido vivir, el corazón se me estrujó del dolor... Mi madre, totalmente intubada, imagen desgarradora, me destrozó el alma... Me pregunté: «¿Por qué no dejarte morir en casa?»

En la sala de urgencias, esperaban mi esposa, hermanas y unas sobrinas; las acompañaba un sacerdote que, exprofeso, estaba para darle su bendición, les confesé: «Si gustan pasar y consideran que van a tener la fuerza y fortaleza suficiente para observar en un cuadro desolador y deprimente a mi madre, adelante».

Decidieron visitarla, las acompañó el sacerdote, esperé en la sala de urgencias. Permanecieron por varios minutos acompañándola, regresaron con el llanto en sus ojos, cabizbajas, muy tristes.

Mi hermana mayor, entre llanto y sollozos, esbozó una sonrisa diciéndome: «Mi mamá hizo un gran esfuerzo para hablar, nomás para expresarle al sacerdote que estaba muy jovencito y guapo». El sacerdote sonrió, comentó: «Lo que pasa es que doña Modesta ya no mira bien».

«Hermana, nuestra madre, genio y figura hasta la sepultura»...

Esa noche velé solo en el hospital, esperando resultados de su evolución en su salud; por la madrugada, casi al amanecer, de contrabando, la fui a observar a través de una ventana de la puerta de acceso, a la distancia, por su postura y la quietud con que la miraba, consideré que había fallecido; me acerqué hasta su cama, con delicadeza le toqué sus pies, reaccionó y me expresó: «Hijo, te quedaste en el hospital, de seguro no has dormido nada, vete a descansar un rato, yo estoy bien».

Me sentí muy bendecido y agradecido con Dios, mi madre, en sus últimos alientos de vida, increíble, pero me reconoció.

Horas después falleció, acompañada por todos sus hijos.

Dios tenga en su Santa Gloria a nuestra madre... «La siempre viva».

MORIR EN CASA

Crónica de muerte de mi padre.

Domingo 9 de enero del año 2011.

Ese día, por la mañana, acompañado por mi esposa, llegamos a visitar a mis padres, lo cual era una costumbre. Mi madre se encontraba sentada en un sofá de la sala, mi hermana Eva, que siempre vivió con ellos, en la mesa del comedor, mi padre, medio recostado, sobre su sillón reclinable, regalo de Ernesto, otro de mis hermanos.

«¿Cómo amaneció hoy?, ¿qué tal se siente, descansando?», le pregunté.

Jamás supe tutearlo, no por falta de confianza, creo que fue el respeto y admiración que me inspiró siempre tan gran ser humano.

«Amanecí bien, ya desayuné, ahora estoy recostadito, descansando».

Todos conversábamos, llegó el Cuate y su esposa, también hermano, saludaron, se dirigió a mi padre en términos similares a los míos. En plática familiar, transcurrió la mañana, mi padre se había quedado dormido por un buen rato; al despertar, de manera extraña,

fijó su vista sobre el techo de la sala, levantó los brazos, empezó a delirar, nombrando a personas de mucho tiempo atrás fallecidas, que habían sido familiares muy queridos y estimados por él.

«Qué raro, ¿qué le pasa a papá, por qué despertó delirando?», pregunté.

Eva comentó que tenía como tres días repitiendo lo mismo, además, había observado que en los últimos días había comido muy poco, extraño, porque siempre era de buen apetito.

Permaneció tranquilo por algunos minutos, volvió a conciliar el sueño, pero al despertar, repitió su proceder; todos éramos testigos de su acción, les confesé que estaba intranquilo con lo que le pasaba a nuestro padre; mi esposa llamó a un médico, amigo de la familia. Después de que el doctor lo auscultó, tomándole los signos vitales, nos informó que se encontraba muy deshidratado, nos sugirió llevarlo al hospital. Llamamos a la Cruz Roja, los paramédicos coincidieron con el diagnóstico del doctor; lo trasladamos al Seguro Social, lo acompañé en la ambulancia.

Lo ingresaron a urgencias, estaba lleno de pacientes; colocaron su cama sobre el pasillo, inmediatamente, le suministraron suero. Nuevamente, continuó con sus delirios, pero de forma más extraña, más preocupante, inclusive ininterrumpida; lo observaba, según mis conocimientos, grave.

Me angustié, desesperado, tomé su mano, oré un padrenuestro y un avemaría. Él divagaba con su mirada, deliraba en su hablar... lo miraba, me invadía la tristeza, la impotencia de verlo en ese estado de salud, sin poder contener las lágrimas, me comuniqué a través del celular con mi esposa: «Mi papá se me está yendo, creo que está en agonía, está muriendo»... Me respondió pidiéndome que rezara un padrenuestro y un avemaría; «Ya lo hice», le contesté.

Una enfermera nos solicitó que todos los que acompañábamos a los enfermos, nos retiráramos de urgencias, indicándonos que las 6 de la tarde nos darían información. En casa de mis padres se encontraban algunos de mis hermanos, les informé todo lo sucedido.

A las seis de la tarde, acudí con dos de mis hermanos al IMSS, nos informaron que hasta las once de la noche nos tendrían alguna novedad. Regresé a la hora indicada, mi padre quedaría internado, por la mañana lo subirían a piso.

Lunes 10 de enero

Lo visité, le observé tranquilo, con buen semblante, un aspecto totalmente diferente a la tarde anterior... me miró con cara de pocos amigos, denotó su molestia en su rostro, me reclamó el hecho de haberlo llevado al Seguro, diciéndome que él no quería estar en ese lugar. «Papá, varios médicos te revisaron, te encontrabas muy deshidratado, aparte, te detectaron una fuerte infección renal, es necesario que recibas la atención médica, serán pocos días». Esa noche, uno de mis hermanos lo estuvo cuidando.

Martes 11 de enero

De las noches más tristes de mi existencia, momentos conmovedores, sentimentales, nostálgicos, angustiantes vividos al lado de mi padre.

En hora temprana se quedó profundamente dormido, despertó hasta la madrugada, durante buen rato estuvo en un remanso de quietud... extraña e inesperadamente, cambió su actitud... hizo lo que anteriormente le había observado... fijó su mirada sobre el techo del cuarto, levantó sus brazos, exclamó: «Toño, María, Manuela, Trini, aquí están conmigo». Esta expresión la repitió en varias ocasiones, sin dejar su postura de brazos extendidos, ligera sonrisa en sus labios, sus ojos llorosos.

Tuvo un espacio de paz y tranquilidad, volvió la vista hacia mí, me expresó: «Dios mío, qué tristeza tan grande, hijo, me estoy muriendo, la vida se me acaba». Tomé y apreté su mano, recosté mi cabeza sobre ella, lloré en silencio.

Volvió a repetir su frase, llamando a sus seres queridos; nuevamente, se serenó, no se durmió, permaneció en calma... fijó su mirada sobre mí, con lágrimas en sus ojos, me dijo: «Hijo, dame un beso». Me invadió un sentimiento de tristeza, de dolor, un momento conmovedor, inexplicable... Le besé su frente, se lo repetí, curiosamente, el segundo «tronó», llorando le expresé: «Papá, saliste ganando, hasta te lo troné».

Él, con su mano, me frotaba el pecho, repetía: «Dios mío, qué tristeza tan grande, me estoy muriendo».

Una madrugada y amanecer triste, melancólico, de gran aflicción y pesadumbre para mi corazón.

Miércoles 12 de enero

Por la mañana, llegué a casa muy afligido, con un pensamiento de gran remordimiento, le pedí a mi esposa que se comunicará con mis hermanos, los citara a todos por la tarde, en casa de mis padres; también solicité que nos acompañara Nena, enfermera de profesión, prima muy querida y estimada en la familia.

Reunidos, logré, con gran esfuerzo, comentarles detalladamente el pasaje vivido con mi padre, el amanecer de ese día, les confesé: «Sentí espiritualmente que fue un mensaje, pidiéndonos su deseo de morir en casa».

Juntos platicamos, analizamos, reflexionamos sobre el caso de salud de mi padre, determinamos continuar su atención médica, pero en casa, en su hogar.

Nena, nuestra prima, con toda su experiencia de enfermera, nos orientó en lo que nos podríamos enfrentar: «En las condiciones de salud de mi tío, no hay ninguna certeza de tiempo de vida; podrían ser horas, un día, semana, mes, meses, se han dado casos que hasta años; piensen cuidadosamente la decisión que han tomado», fueron sus palabras.

Manifesté: «La decisión está tomada, mañana solicitaré su alta a las autoridades médicas del IMSS».

Jueves 13 de enero

Temprano por la mañana, llegué al hospital, encontré a Rosa María y Nena, cuñada y prima, acompañando a mi padre, me comentaron: «¿Seguro estás de pedir el alta de tu papá y llevártelo a casa? Hace un momento hablamos con el doctor, nos informó que don Víctor está mejorando en su salud, que no autorizará su salida». «Es una decisión acordada por mi familia, haré los trámites», contesté.

Su comentario me inquietó, telefónicamente me comuniqué con mi hermano Noé, que por la noche había estado al cuidado de nuestro padre, lo consulté sobre el comportamiento que había observado de él por la noche, su respuesta: «Pasó una noche muy tranquila, durmió muy bien, sin problema alguno».

Después de esos comentarios positivos sobre su salud, recordando el pasaje nostálgico personal vivido con mi papá, no cambié la determinación acordada.

Con bastantes trámites burocráticos y administrativos, auxiliado por mi prima, lo dieron de alta, con documento firmado bajo responsabilidad personal y absolver de cualquier problema al instituto de salud. Serían aproximadamente las 4 p. m. del día jueves 13 de enero.

Una ambulancia lo trasladó a su casa, acompañado por nuestra hermana Ema; la familia lo esperaba. Entre todos organizamos una primera semana de atención familiar, aproximadamente a las 10 de la noche de ese día, nos retiramos a nuestras casas, quedándose el primer equipo de atención, en su mayoría mujeres.

Viernes 14 de enero

Serían las 8:30 de la mañana, recibí una llamada de mi hermana Yolanda, en la que me informó que mi padre había amanecido con un ronquido de pecho muy extraño, fuerte, como con falta de respiración; salí inmediatamente, yendo camino a casa de mis padres, solicité a mi esposa que llamara a un sacerdote, que hiciera el favor de acompañarnos.

Ciertamente, era extraño, muy raro, el ronquido que emitía de su pecho, comprendí que era parte del proceso de su agonía, parte de mi familia se había reunido. Ernesto, mi hermano, me hizo una sugerencia: «¿Si pedimos a mamá que permanezca a solas un momento con él?, que le hable de perdones y agradecimiento por tantos años de estar y compartir juntos sus vidas». Lo propusimos a nuestra madre, a inicios se resistió, pero logramos nuestro objetivo.

Posterior a ese momento, me acerqué a su oído, le expresé: «Papá, mi mamá ya te perdonó y agradeció lo que vivieron juntos, es momento de que vayas con tus seres queridos, ellos te esperan con los brazos abiertos, acércate con Dios». Mi esposa me pidió que le hablara menos fuerte, que él me escuchaba.

Triste y desolado, salí del cuarto, solicité a una prima que me preparara un café bastante cargado, me sentaba en la mesa cuando se escucharon gritos y llanto.

Entré apresurado.

Dios me entregó la oportunidad de ver a mi padre en su último aliento de vida y la bendición de cumplir con su deseo de... Morir en casa.

AÑO NUEVO

«EL DÍA QUE YA NO ESTEMOS, LA TRADICIÓN FAMILIAR DE REUNIRSE, CONVIVIR Y BRINDAR POR EL AÑO NUEVO, PERMANEZCA POR SIEMPRE».

Legado de nuestros padres.

Nuestra existencia actual, agitada y cambiante, nos exige ajustarnos a las nuevas circunstancias de la vida, la «maldita pandemia» que hoy nos azota, nos ha dado una sacudida al corazón; difíciles momentos que estamos pasando: familiares, sentimentales, emocionales; encapsulados en un pensamiento de temor: vivir o morir. En nuestra familia rompe, destruye, una hermosa e inolvidable tradición de casi cincuenta años, medio siglo, de reunirnos, convivir y brindar por un AÑO NUEVO, en un ambiente donde conjugamos momentos de alegría, nostalgia, añoranzas, sentimientos; afloran palabras de aliento y emoción; surgen reencuentros de amor, de amistad, recuerdos de seres que han partido, en conjunto, toda una fiesta y bohemia familiar.

Respeto y admiro las tradiciones familiares de mis amigos y su manera de festejar estas fechas, me disculparán, con modestia y orgullo, lo nuestro es algo excepcional.

Es una tradición que nació y creció del sentimiento de humildad, nobleza y corazón de nuestros entrañables padres, dándonos e inculcándonos un ejemplo de AMOR Y UNIDAD FAMILIAR.

La constancia y la perseverancia son lo extraordinario de nuestra celebración.

Es emocionante, once hermanos, once familias, esperando ansiosamente, año tras año, estar juntos para despedir al año viejo y recibir el nuevo año.

Este será atípico, diferente; extrañaremos el conteo regresivo de los segundos para recibir el año nuevo, no habrá abrazos de la familia, no escucharemos el brindis solemne de cada uno de los hermanos o de algún familiar, no se escuchará el rezo del Padre Nuestro y el Ave María.

Hace escasos días, se me enterneció el corazón al escuchar a mis nietos comentar: «Hay que reunirnos el día 31 para gritar todos juntos... 5 – 4 – 3 – 2 – 1... ¡Feliz Año Nuevo!». Sus palabras son el reflejo del aprendizaje de nuestra tradición familiar; pero su inocencia no les permite comprender la incertidumbre del momento actual.

Este 29 de diciembre, acompañado por mi esposa, visité a todos y cada uno de mis hermanos para desearles que, junto con sus familias, tuvieran un feliz y próspero año 2021; sentí alegría porque, a pesar de la maldita pandemia, los encontré plenos de salud; también nostalgia, por los momentos que vivimos, no hubo un apretón de manos, mucho menos un abrazo.

La llegada del Año Nuevo 2021 será diferente, por ahora, lo más responsable es QUEDARSE EN CASA.

«Dios nos protegerá y, el próximo año, tendremos nuestro tradicional evento familiar».

Biografía

Lamberto Vizcarra Peraza nació en el pujante Valle de Mexicali; maestro de profesión, desempeñando su labor docente en el nivel de educación primaria y secundaria; actualmente jubilado.

Egresado de la Escuela Normal Urbana Federal Fronteriza, con especialización en Literatura y Lingüística, estudios realizados en la Universidad Autónoma de Baja California, con maestría en Pedagogía, cursada en la Universidad Estatal de Estudios Pedagógicos.

Tomó el pensamiento de un maestro que impartía la materia de Filosofía: «Para la plena realización de la vida, es necesario "Tener un hijo, plantar un árbol y escribir un libro"».

Relatos de un maestro es el libro que le ha entregado la oportunidad de cumplir con el pensamiento filosófico y despertar a la realidad de un sueño largamente anhelado, dejando a la vez un legado de experiencias de vida a su esposa, hijos, nietos, familia, amistades y a la propia sociedad.

Made in the USA
Middletown, DE
14 August 2023

36506027R00092